Richard Reschika

Wie viele Engel können
auf einer Nadelspitze tanzen?

Richard Reschika

Wie viele Engel können auf einer Nadelspitze tanzen?

Alles, was Sie über Religion noch nicht wissen

Diederichs

FSC
Mix
Produktgruppe aus vorbildlich
bewirtschafteten Wäldern und
anderen kontrollierten Herkünften

Zert.-Nr. SGS-COC-1940
www.fsc.org
© 1996 Forest Stewardship Council

Verlagsgruppe Random House
FSC-DEU-0100
Das für dieses Buch verwendete
FSC-zertifizierte Papier *EOS* liefert
Salzer, St. Pölten.

Bibliografische Information der Deutschen Bibliothek

Die Deutsche Bibliothek verzeichnet diese Publikation
in der Deutschen Nationalbibliografie; detaillierte bibliografische Daten
sind im Internet unter http://dnb.ddb.de abrufbar.

Umschlaggestaltung: Weiss/Zembsch/Partner, Werkstatt/München unter
Verwendung eines Motives von Antar Dayal/Illustration Works/Corbis
Satz: EDV-Fotosatz Huber/Verlagsservice G. Pfeifer, Germering
Druck und Bindung: CPI Moravia Books s. r. o., Tschechien
Printed in Czech Republic

ISBN 978-3-7205-3065-1

»Die Religionen sind verschiedene Wege,
die alle zu dem gleichen Punkt hinführen.
Was bedeutet es, dass wir verschiedene Pfade benützen,
wenn wir doch das gleiche Ziel erreichen?
In Wirklichkeit gibt es ebenso viele Religionen wie Individuen.«

Mahatma Gandhi, Indiens Freiheit, 1939

Inhalt

Vorwort: Die religiöse Hintertreppe 15

Der Hinduismus 20

Im Anfang war die Ekstase – Wie Shiva und seine
Gefährtin Shakti durch ihren Liebesakt die Welt
erschufen 20

Die *Akasha-Chronik*, Indiens Palmblatt-Bibliotheken
und das Schicksal des Einzelnen 23

Zu Ehren der Göttin Bahuchara Mata – Die rituelle
Kastration bei den Hijras, Indiens drittem Geschlecht 25

OM – Die unauslotbaren Dimensionen der
heiligen Silbe 27

Die Verkörperung der Unschuld und des Mitleids –
Mahatma Gandhis Liebeserklärung an die heiligen Kühe . 30

Der Buddhismus 33

Ein weißer Elefant und andere Wunder – Sinnfällige
Legenden um Buddhas Geburt und Tod 33

Buddhas reiner Garten der Erlösung – Wenn verzweifelte
Liebespaare in Japan Doppelselbstmord begehen 35

Das verbrannte Buddhabild und die Edelsteine aus
der Asche verstorbener Heiliger 38

Erleuchtung durch abgeschnittenen Finger –
Der Ein-Finger-Zen des chinesischen Meisters Chü-chih .. 40

Der tibetische Ödipus- und Elektrakomplex 42

Ein Berg aus weißem und aus rotem Stoff – Was ein Mensch
im Zustand zwischen Tod und Wiedergeburt erfährt   45

Mystische Zeichen und Visionen – Woran man den
14. Dalai Lama erkannte   48

Übermenschliche Versenkungspraktiken –
Rituelle Selbstmumifizierungen in Tibet   51

Finstere Abkehr – Warum sich tibetische Eremiten
jahrelang einmauern lassen   52

Wie Insekten in einem Spinnennetz –
Was sind tibetische Geisterfallen?   54

Nechung, das wichtigste tibetische Staatsorakel   56

Auf geflügelten Sohlen – Tibets mystische Schnellläufer . .   58

Das Judentum   62

7. Oktober 3761 BCE, 5 Uhr 11 Minuten 20 Sekunden –
Die Erschaffung der Welt nach den Berechnungen
Rabbi Hillels II.   62

Warum Gott nach kabbalistischer Auffassung zu
Beginn des Weltendramas in die selbst gewählte
Verbannung ging   64

Die Stufen der Sünde – Vom fleischlichen Verkehr mit
verbotenen Frauen und vom Heiraten nach den jüdischen
Vorschriften   67

Was sind jüdische Eintags- und Einwegengel?   69

Das Christentum   72

Sanctum praeputium – Der Kult um die heilige
Vorhaut Jesu, den einzigen Körperteil des Erlösers,
der nicht mit auferstanden ist   72

Ein lebendes Denkmal – Warum Simeon Stylites der
Ältere 37 Jahre auf dem Kapitell einer Säule verbrachte ... 78

Akrobaten des Himmels – Wie viele Engel können
auf einer Nadelspitze tanzen? 82

Rätselhafte schwarze Madonna –
Mächtige Wundertäterin und Glücksbringerin 87

Eine Leiche vor Gericht – Wie Papst Stephan VI. seinen
längst verstorbenen Vorgänger ausgraben und auf
die Anklagebank setzen ließ 90

Auf Teufel komm raus – Der große und der kleine
Exorzismus nach katholischer Lehre 93

Limbus puerorum – Die katholische Vorhölle für die
Seelen ungetauft verstorbener Kinder 98

Entzündet von feuriger Liebe zu Gott – Die mystisch-
erotische Ekstase der heiligen Teresa von Avila 101

Christophorus, Schutzpatron aller Reisenden – Wie
Heilige aus dem Kanon entfernt werden 104

»Ein Prophet gilt nichts im eigenen Lande!« – Sepphoris,
die verschwiegene Stadt im Neuen Testament 107

Leben ohne Nahrung – Therese Neumann, die
Stigmatisierte von Konnersreuth 108

Der Islam 112

Iblîs, der gefallene Engel – Wie das Urböse nach
islamischem Glauben in die Welt kam 112

Eine gigantische Waage und eine Brücke so fein wie ein
Haar und so scharf wie ein Schwert – Was mit Muslimen
nach ihrem Tod passiert 114

Dschinn – Warum die Verkündigung des Propheten
nicht nur für Menschen gilt 117

Die 99 Namen Allahs und das Geheimnis
um den hundertsten, den nur das Kamel kennt 119

Segenskraft und Schutzwirkung –
Die geheimnisvollen Buchstaben des Korans 122

Balaibalan – Die scharfsinnige Geheimsprache der Sufis . . 123

Der Taoismus 126

Ein hartnäckiger Grenzwächter – Wie Laotse dazu
kam das *Tao Te King* zu verfassen 126

Der Konfuzianismus 131

Panzer- und Knochenorakel – Wie die alten Chinesen
Zukunftsprognosen erstellten 131

Die Unterweltbank und die Währung der Toten – Warum
die Chinesen für ihre Ahnen sogar Geld verbrennen 133

Der Mann im Herd –
Wie Zhang Sheng zum Küchengott wurde 135

Afrikanische Religionen 138

Wie Bumba unter qualvollen Krämpfen die Welt ausspie –
Die Kosmogonie des Bantu-Stammes der Boschongo 138

Zweiheit in der Einheit – Der rätselhafte Zwillingskult
bei den Yoruba in Nigeria 140

Prinzessinnen mit feuchter und mit trockener Vagina –
Ein Karanga-Mythos 142

Die Religionen Mittel- und Südamerikas 144

Chichihualcuauhco – Das jenseitige Kinderparadies der
Azteken, in das die verstorbenen Mädchen und Jungen
direkt eingehen 144

Zum Frühstück Eitersuppe – Was die Azteken so alles
in der Unterwelt essen müssen 146

Zwischen Mythos, Ritual und Sport –
Das heilige Ballspiel der Maya 148

»Wenn es keine Bäume mehr gibt, dann wird das Ende
der Welt kommen« – Eine Prophezeiung der Lakandonen-
Indianer 151

Himmlische Schmetterlinge – Der tröstliche, hoffnungs-
frohe Jenseitsmythos der Kamaiurá in Brasilien 153

Die traditionelle Religion Australiens 155

Totsingen und Mit-dem-Knochen-zeigen –
Schwarzmagische Todeszauber-Rituale der Aborigines . . . 155

Gereinigt und gebündelt – Sekundärbestattungen
bei den Aborigines 158

Die Religionen Ozeaniens 161

Warum die Ahnengeister den Weißen helfen und die
Farbigen bestrafen – Der Cargo-Kult in Melanesien und
Neuguinea und die John-Frum-Bewegung 161

Die Religionen Ägyptens 165

Göttliche Masturbation – Wie der ägyptische
Schöpfergott Atum zum Erzeuger des Götterpaares
Schu und Tefnut wurde 165

11

Eine Mahlzeit auf den Abendkochherden –
Der ägyptische Kannibalenhymnus 166

Bier- statt Blutrausch – Wie die ägyptische Göttin Hathor
die Auslöschung der Menschheit vergaß 168

Die Religionen Griechenlands und der Hellenismus 171

Die heitere Schöpfung aus dem Lachen Gottes –
Eine hellenistische Kosmogonie 171

Haloa und Thesmophoria – Entfesselte Frauenfeste
zur Förderung der Fruchtbarkeit 173

Omphalos von Delphi – Wie die Griechen den Nabel
der Welt fanden 175

Die Mysterienkulte 178

Eine Welle heißen Blutes –
Die Stiertaufe der großen Mutter Kybele 178

Dea Syria – Die syrische Göttin und das orgiastische
Schauspiel der Wandereunuchen und Phallussteiger 180

Die römische Religion 183

Mit schwarzen Bohnen gegen Geister – Wie die Römer
die Totenfeste Parentalia und Lemuria begingen 183

Die Religion der Germanen 186

Wenn der Schädel zum Himmel wird – Wie aus Ymir,
dem zerstückelten Riesen, die Welt entstand 186

Ragnarök, der kosmische Brand – Wie sich die Germanen
die Endzeit vorstellten 188

Die Religion der Kelten 190

Geheimnisvolles Avalon – die Suche nach der
Anderswelt – Unsterblichkeitsglaube und
Seelenwanderung bei den Kelten 190

Zähne gelber als die Ginsterblüte –
Wie sich die Kelten die Todesbotin vorstellten 194

Die Religionen Mesopotamiens 196

Die trunkenen Gottheiten Enki und Ninmah –
Die Entstehung des missratenen Menschengeschlechts ... 196

»Spiele mit unseren Brüsten« – Tempelprostitution
in Babylonien 198

Der Zoroastrismus 202

Heilige reine Flamme – Der exklusive Feuerkult
der Parsen 202

Türme des Schweigens – Die Himmelsbestattung
bei den Parsen 205

Dualistische Religionen 208

Warum nur Satan der Architekt der Welt sein kann –
Die ketzerische Lehre der Bogumilen 208

Neue Untertanen für den Satan – Warum die Katharer
Sex als Teufelsgebot ansahen 210

Der Schamanismus 212

Der ins Bettkissen gebannte Tote – Wie sibirische
Schamanen Seelen in die Unterwelt führen 212

Wenn sich das Haus in die Höhe erhebt – Die Erleuchtung
des Schamanen bei den Iglulik-Inuit 215

Vorwort:
Die religiöse Hintertreppe

>*Das einzige Interessante*
auf Erden sind die Religionen.«
(Charles Baudelaire, Tagebücher)

Ob ein Traum, das große Mysterium des Todes oder die Betrachtung des Himmels mit seinen zahllos funkelnden Sternen am Beginn der Religion stand, ist eine alte Frage, die wohl niemals beantwortet werden wird. Aller Wahrscheinlichkeit nach hängt die Entstehung der verschiedenen Religionen mit dem Grunddilemma des Menschen zusammen, ein zeit- und geschichtsverhaftetes, folglich angst-, sorgen- und leiderfülltes Wesen zu sein. Die bittere Erfahrung der Hinfälligkeit und Endlichkeit des eigenen Lebens, aber auch das unstillbare Verlangen, Zweck und Ziel der Schöpfung der Welt und des Universums zu erkennen, dürften eng mit dem Glauben an die Existenz transzendenter, einer anderen Wirklichkeit angehörender und dabei gleichwohl sich im Irdischen manifestierender und eingreifender Mächte zusammenhängen.

»Für mich ist das Heilige immer die Offenbarung des Realen, die Begegnung mit dem, was uns rettet, indem es unserem Dasein Sinn verleiht«, schreibt der rumänische Religionshistoriker Mircea Eliade in seinem Buch *Die Prüfung des Labyrinths*. Daran hat sich bis heute nicht viel geändert, dem dominanten naturwissenschaftlich-technischen Denken einer zusehends entzauberten Welt und dem grassierenden Materialismus einer kapitalistischen Massen- und Konsumgesellschaft zum Trotz. Religionen haben wieder Konjunktur. Sie erfreuen sich aber auch aus anderem Grund verstärkter Aufmerksamkeit, beruhen doch viele wichtige Ereignisse in der Welt, segensreiche wie unheilvolle, auf den unterschiedlichen Glaubensvorstellungen und -praktiken der Völker.

»Wer nur die eigene Religion verherrlicht, der schädigt sich selbst. Lasst uns offen auf alle Lehren lauschen«, schrieb der indische Kaiser und Weise Ashoka bereits im Jahr 250 BCE in seinem Fels-Edikt. Sein leidenschaftlicher Appell für mehr Toleranz, Respekt und Verständnis unter den Religionen setzt selbstredend nicht nur den gebührenden Wissensdurst, sondern auch die nötigen Kenntnisse über das zunächst Neue, Andersartige und Fremde voraus. Um im bunten Mosaik der Religionen dieser Welt richtig lesen zu können, bedarf es Informationen, die darüber hinaus eine wesentliche Voraussetzung und tragfähige Basis für die interkulturelle und interreligiöse Verständigung darstellen. Denn erst das tiefe Verstehen unterschiedlicher spiritueller Perspektiven, das heißt auch das Aushalten von unauflösbaren Widersprüchen sowie der Abbau von eigenen Vorurteilen, ermöglicht ein friedliches, kreatives Zusammenleben und -wachsen der Menschen in einer auch in religiöser Hinsicht zunehmend globalisierten Welt.

Nicht minder wichtig für die fruchtbare Auseinandersetzung, für den ernst gemeinten Dialog mit fremden Religionen ist ein empathiebefrachtetes Verstehen, das heißt die Bereitschaft, sich in die Weltsicht anderer Menschen einzufühlen, religiöse Phänomene und spirituelle Werte gleichsam von innen heraus und somit nicht nur auf der kühlen Verstandes-, sondern auch auf der Gefühlsebene begreifen zu wollen. Denn das, was die Forschung heute »interkulturelles Lernen« respektive »interkulturelle Kompetenz« nennt und was gerade in pluralistischen Gesellschaften verstärkt eingefordert wird – nämlich die Fähigkeit, mit Menschen anderer Kulturkreise erfolgreich zu kommunizieren –, setzt neben Wissen und Kenntnis des Nichtvertrauten emotionale Kompetenz und interkulturelle Sensibilität voraus.

Schon Wilhelm Grimm erklärte in seiner *Einleitung zur Vorlesung über Gudrun*: »Um den Wert des Fremden zu fühlen, müssen wir uns erst in die Gesinnung und die geistige Richtung eines anderen Volkes versetzen lernen. Das wird nicht ohne Arbeit und Mühe erreicht.«

Im gleichen Maße sollte man den Monopolanspruch westlicher Kultur, etwa in Gestalt eines einseitig aufgeklärt-rationalen Menschenbildes, relativieren. Zumal wissenschaftliche, allein auf der Ratio gründende Wahrheit nicht immer mit der von anderen, zuvörderst religiös geprägten Kulturen kompatibel sein muss, und es letzten Endes keinen zwingenden Herrschaftsanspruch des Logos und der Naturwissenschaften gegenüber dem Mythos und der Religion gibt. Für Mircea Eliade stellte die späte Entdeckung des nichteuropäischen Menschen und seiner geistigen Welt sogar das wichtigste Phänomen des 20. Jahrhunderts dar. Diese ermöglichte dem Abendland nicht nur eine geistige Horizonterweiterung ohnegleichen, sie trägt zugleich zum besseren Selbst- und Weltverständnis bei: zum Abbau hartnäckig sich haltender Stereotypen und zum Aufbau von Akzeptanz gegenüber anderen Kulturen und Religionen: »Lerne, diejenigen zu lieben, die dir nicht ähnlich sind, die anders erscheinen, deiner eigenen Kultur und deiner eigenen Geschichte fremd. Sie sind die anderen Spiegel deiner selbst. Ohne sie hast du nur ein unvollständiges Bild vom Glück, hast du dich nicht wirklich mit dir selbst versöhnt«, schrieb der tibetische Meditationsmeister Drukpa Rinpoche, ein enger Vertrauter des jetzigen Dalai Lama, in seiner Schrift *Tibetische Weisheiten*.

Ins Zentrum der jeweiligen Religionen dieser Welt führen viele Wege, nicht nur die akademischen Fährten. Oftmals gelangt man über weniger ausgetretene, abenteuerlich-amüsante Pfade gleichermaßen ans Ziel: »Man kommt, wie man ist, und man gibt sich, wie man ist. Und doch gelangt man über die Hintertreppe zum gleichen Ziel wie über die Vordertreppe: zu den Leuten, die oben wohnen«, erklärte der Philosoph Wilhelm Weischedel in seinem Buch *Die Philosophische Hintertreppe*. Im Sinne einer »religiösen Hintertreppe«, eines ungewohnten Zugangs versucht das vorliegende Buch, sich den Religionen über das Wunderlich-Eigentümliche, Skurrile zu nähern.

Wie fanden die Griechen den Nabel der Welt? Was sind jüdische Einwegengel? Warum war Geschlechtsverkehr für die Katharer ein Teufelsgebot? Wie kam das Böse nach islamischem Glauben in die Welt? Wie funktionieren tibetische Geisterfallen? Und warum verbrennen die Chinesen für ihre Ahnen sogar Geld? Gerade ungewöhnliche, mitunter kurios-bizarre religiöse Phänomene eröffnen neue und dabei spannend-unterhaltsame Perspektiven auf die vielfältigen Glaubenssysteme aus Vergangenheit und Gegenwart in ihrer ganzen tiefreichenden Vielseitigkeit.

Im Mittelpunkt des Buches stehen wunderliche Erzählungen und Anekdoten über Götter und Religionsstifter, über Heilige, Schriften und Orte, über Zeremonien und Symbole, und zwar vor allem im Umkreis der lebenden fünf großen Weltreligionen – Hinduismus, Buddhismus, Judentum, Christentum und Islam. Darüber hinaus finden auch einige Kuriosa der bedeutenden asiatischen Religionen, nämlich Taoismus und Konfuzianismus in China, Jainismus und Parsismus in Indien, sowie der sogenannten traditionellen Religionen Mittel- und Südamerikas, diverser Stammesreligionen Afrikas und der Religionen Australiens und Ozeaniens essayistische Erwähnung.

Ferner kommen schlaglichtartig Raritäten historischer toter Religionen zu Wort: Zu ihnen zählen die alten Religionen Ägyptens und Griechenlands, die hellenistische, römische, germanische, keltische Religion, die Religionen Mesopotamiens, die antiken Mysterienkulte, die sogenannten dualistischen Religionen, das heißt gnostisch-häretische Strömungen wie das Bogumilen- oder Katharertum, sowie als weltumspannendes Phänomen der Schamanismus. Auf einige Merkwürdigkeiten archaischer Natur- und Stammesreligionen wird auch eingegangen, da man an ihnen am besten das Wesentliche, gleichsam Archetypische der Religionen aufzeigen kann.

Selbstredend erhebt die nachstehende Auswahl keinerlei Anspruch auf Vollständigkeit. Wie könnte sie dies auch? Die Geschichte der Mythen und Glaubensvorstellungen ist schließlich gespickt mit Skurrilitäten.

Der Hinduismus

Im Anfang war die Ekstase – Wie Shiva und seine Gefährtin Shakti durch ihren Liebesakt die Welt erschufen

Einer Vielzahl von mythischen Lehren über die geheimnisvolle Entstehung der Welt und der Menschen zufolge stand nicht das Wort, stand weder der nüchtern-klare Logos noch der Gedanke eines einzelnen (männlichen) Gottes, sondern die wilde Ekstase, die sexuelle Vereinigung von Göttin und Gott am Beginn der Weltschöpfung und allen Lebens. Erst die geschlechtliche Verbindung dieser Urpolaritäten, erst die orgiastische Verschmelzung von archetypisch Weiblichem und archetypisch Männlichem, vermochte eine neue Welt zu zeugen. Sogenannte biomorphe mythologische Vorstellungen, nach denen das gesamte Universum durch die heilige Ehe – den *Hieros Gamos* – eines Ureltern-paares, meist Himmel und Erde, aber auch Sonne und Mond, gezeugt oder geboren wurde, finden sich in den unterschiedlichsten Kulturen: in den archaischen Hochkulturen des Vorderen Orients ebenso wie im fernen Sibirien, in China, Japan, Indonesien, Ozeanien und Mexiko.

Einem besonders eindrucksvollen Beispiel für einen sexuellen kosmogonischen Mythos begegnet man im Hinduismus: Letzterer, genauer gesagt dessen tantrische Spielart, betrachtete die Weltschöpfung als Ergebnis eines erotisch-spirituellen Liebesaktes des Gottes Shiva und seiner Gefährtin Shakti, wie der tantrische Titel der Großen Göttin Kali Ma lautet. Im *Shilpa Prakasha*, einem alten, in Sanskrit verfassten Skulpturenhandbuch, gibt es einen aufschlussreichen Passus, der genau über die Vereinigung von Shiva und Skakti berichtet: »Der Liebestrieb *(kama)* ist die Wurzel des Universums. Aus ihm sind alle Wesen geboren. ...

Ohne Shiva und Shakti wäre die Schöpfung nichts als Einbildung. Ohne das Wirken von Kama gäbe es weder Geburt noch Tod. Shiva manifestierte sich als ›großes linga‹ (mahalinga) und Shakti als ›Vagina‹ (bhaga). In ihrer Vereinigung entsteht das ganze Universum. … Ein Ort ohne ›Liebesbilder‹ (kamakala) wird ›ein zu vermeidender Platz‹ genannt«, schreibt Johannes Beltz in seinem Aufsatz über erotische Tempelplastik in Indien. Shivas und Shaktis kosmische Vereinigung fand auf unzähligen Thankas, also Rollbildern, sowie in der indischen erotischen Tempelplastik – etwa in Konarak oder Khajuraho – ihren religiösen und künstlerischen Ausdruck.

Auf einer eher abstrakten, symbolischen Ebene wird das kreative Zusammenkommen von weiblicher und männlicher Schöpfungsenergie als steinernes Kultobjekt im Allerheiligsten von Hindu-Tempeln dargestellt, und zwar in Gestalt eines stilisierten Phallus, der von einer ebenfalls stilisierten Vulva umschlossen wird. Es ist im Übrigen kaum zu bezweifeln, dass die Jungbrunnen, die die europäische Kunst des Mittelalters dank Alchemie und Minnedichtung so gern zeigt, aus ähnlichen Vorstellungen entstanden sind wie das Lingam im Yoni-Gefäß, die plastische Phallus-Darstellung im mütterlichen Schoß. Das heißt, dass sie eine Verschmelzung der magisch-erotischen Sinnbilder für das männliche und weibliche Geschlecht sind.

Das lateinische Wort *lingus* für Zunge stammt interessanterweise von dem Sanskritwort *lingam* ab, das den Phallus bezeichnet. Die heilige Geste, bei der zwischen den Lippen die Zunge gezeigt wurde, stand für die Lingam-Yoni. Und bis heute heißen die Vulvafalten *labiae*, (Scham-)Lippen. Bei ihrer intimen Verschmelzung mit Shiva streckt Kali Ma auf vielen Darstellungen zum Zeichen des sexuellen Sakraments frech die Zunge heraus.

Vergleichbar mit der Vereinigung weiblicher und männlicher Energien ist desgleichen die chinesische Anschauung vom unermüdlichen Schöpferhandeln der Urkräfte Yin und Yang, die nur durch ihre Polarität wirksam werden können und Urheber einer ununterbrochenen Kosmogonie sind. Denn nach der Philosophie des Taoismus sind für die mannigfachen Wandlungen der Welt zwei dynamische, komplementäre Kräfte oder Ordnungsprinzipien verantwortlich, nämlich das polar aufeinander bezogene Yin-Yang-Paar: Yin (das Weibliche, Dunkle, Kalte, Passive, die Erde) steht dabei in einem steten Wechselspiel mit Yang (das Männliche, Helle, Warme, Aktive, der Himmel), die ausnahmslos alle Lebensbereiche bestimmen.

Doch weist nicht sogar die naturwissenschaftliche Urknall-Theorie, der zufolge das Universum aufgrund einer gigantischen, unendlich heißen Explosion gleichsam aus dem Nichts, aus der reinen Raum- und Zeitlosigkeit, ins Sein geschleudert wurde, ein deutlich ekstatisches Moment auf? Johann Wolfgang von Goethe lässt im zweiten Teil seines *Faust* jedenfalls das Mysterium der Schöpfung des kosmogonischen Eros im *Hieros Gamos*, in der heiligen Hochzeit der Elemente, seinen Höhepunkt finden: »So herrsche denn Eros, der alles begonnen!«

Im 20. Jahrhundert knüpfte D. H. Lawrence, der Verfasser des erotischen Skandalromans *Lady Chatterley*, an die barocke Idee eines poetischen Pansexualismus an, kleidete diesen jedoch in etwas drastischere Worte: »Wir haben eine Flamme ins Sein gefickt. Sogar die Blumen sind ins Sein gefickt von der Sonne und der Erde.« Auch in der modernen Dichtung leben die alten Mythen fort …

Wie dem auch sei: Selbst wenn man in diesen Mythen über die Entstehung der Welt, der Götter und der Menschen nur reine Anthropomorphismen, bloße Projektionen in poetischem Großformat, erkennen kann, kommen sie der naturwissenschaftlichen Wahrheit doch recht nahe: Zumindest die Fortpflanzung bei den sogenannten »höheren Lebewesen« setzt die sexuelle Ekstase, setzt den Orgasmus voraus, sieht man von den modernen Möglichkeiten künstlicher Befruchtung im Reagenzglas sowie der Klontechnik einmal ab.

Literatur: D. H. Lawrence, Lady Chatterley, Autorisierte Übertragung aus dem Englischen, Reinbek bei Hamburg 1960, S. 510; Ernst Topitsch, Vom Ursprung und Ende der Metaphysik, Wien 1958; Cécile Sagne, Geheiligter Eros, Deutsche Übersetzung von Hilde Linnert, München 1985; Johannes Beltz, Erotische Tempelplastik in Indien: Dekoration, Metaphern, magische Zeichen?, in: Liebeskunst. Liebeslust und Liebesleid in der Weltkunst, Katalog, Museum Rietberg Zürich, 2002, S. 114f.

Die *Akasha-Chronik,* Indiens Palmblatt-Bibliotheken und das Schicksal des Einzelnen

Die auf den ersten Blick ungewöhnliche, ja abstrus anmutende Idee eines immateriellen, allumfassenden Astralgedächtnisses, eines gleichsam kosmischen Zentralarchivs oder Computers, eines »Buches des Lebens«, in dem alle vergangenen, gegenwärtigen und zukünftigen Ereignisse en détail gespeichert sind, findet sich nahezu weltweit: in asiatischen Religionen ebenso wie in der christlichen Überlieferung sowie in einigen okkult-esoterischen Strömungen, von Plotin über Marsilio Ficino und Paracelsus bis hin zu Helena Petrovna Blavatsky und Rudolf Steiner. Die Genannten behaupteten zudem, dass medial begabte Menschen durch eine Art innere Schau in diesem Astralgedächtnis lesen und durch Anzapfen dieser Quelle übersinnliche Erkenntnisse erlangen könnten. In Indien heißt dieses Buch des Lebens *Akasha-Chronik.* Der Begriff *akasha* bedeutet im Sanskrit »Himmel«, »Raum« oder »Äther«. Die Geistwesen, die die *Akasha-Chronik* schreiben, werden als *lipika* bezeichnet.

Von der *Akasha-Chronik* ausgehend, sind angeblich in den sogenannten Palmblatt-Bibliotheken die Lebensgeschichten all jener Menschen aufgezeichnet, die irgendwann einmal eine dieser Bibliotheken besuchen werden. Schenkt man der Legende Glauben, war es der weise Inder Bhrigu alias Vasishtha, der vor rund fünftausend Jahren damit begann, die Schicksale von rund achtzigtausend Menschen minutiös aufzuzeichnen und somit den

Grundstock für die Palmblatt-Bibliotheken legte. Bestimmten mythologischen Überlieferungen zufolge zählt dieser Weise zu der legendären Gruppe von sieben heiligen Rishis, das heißt Sehern und inspirierten Dichtern (Gotama, Bharandvaja, Vishvamitra, Janmadagni, Kashyapa und Atri), deren spirituelle Macht angeblich sogar größer war als jene der indischen Götter. Selbst in den heiligen Schriften des Landes, den Veden, wird Bhrigu alias Vasishtha mehrfach voller Ehrfurcht erwähnt.

Die »Daten«, die Vasishtha durch seinen hellsichtigen Blick in das geheime Weltgedächtnis gewinnen konnte, ritze er dann in Altamil – einer Sprache, die heutzutage nur noch wenige Eingeweihte beherrschen – auf den getrockneten Blättern der subtropischen Stechpalme mit eng geschriebenen Zeichen ein. Ein solches Palmblatt soll im Normalfall etwa achthundert Jahre überdauern. Wird es alt und brüchig, fertigt man einfach eine identische Abschrift des Textes auf einem frischen Palmblatt an. Von diesen heiligen Urschriften existieren angeblich insgesamt zwölf Kopien, die in ebenso vielen Bibliotheken in ganz Indien sorgfältig aufbewahrt werden.

Die sagenumwobenen Palmblatt-Bibliotheken sind in Indien und Sri Lanka als Orakelstätten sehr beliebt – die bekanntesten stehen in Madras, Bangalore, Knachipuram und Vaithisvarankoil – und werden von vielen Menschen, mittlerweile auch von Westlern, vor persönlich wichtigen Ereignissen wie zum Beispiel Eheschließungen befragt. Dabei führt der Nadi-Reader, wie man die Palmblattleser nennt, eine genau festgelegte Zeremonie durch, in der nach Nennung des vollständigen Namens und der exakten Geburtsdaten des Besuchers (und mitunter durch das divinatorische Werfen von neun polierten Muscheln über einem Mandala) ein Palmblatt aus der Bibliothek geholt und den Orakelnehmern vorgelesen wird. Es enthält sowohl vermeintlich genaue Fakten aus dem bisherigen Leben des Besuchers als auch zukünftige Ereignisse – auf ausdrücklichen Wunsch hin sogar die definitive Angabe des Todesjahres. Hinzu kommen die Benennung einer spirituellen Lebensaufgabe und die Beschreibung des Weges zu ihrer Lösung.

Nach Aussage der Nadi-Reader wurden die Palmblatt-Bibliotheken eingerichtet, damit bestimmte Menschen zu bestimmten Zeiten mithilfe der richtigen Informationen und des daraus resultierenden Verhaltens die Möglichkeit bekämen, ihr Schicksal besser zu gestalten, was jedoch nicht bedeutet, dass sich das vorgezeichnete Karma oder Schicksal eines Menschen abwenden lässt.

Literatur: Helena Petrovna Blavatsky: Isis entschleiert, Grafing 2003; Rudolf Steiner: Aus der Akasha-Chronik, Dornach 1995.

Zu Ehren der Göttin Bahuchara Mata – Die rituelle Kastration bei den Hijras, Indiens drittem Geschlecht

Sie thront majestätisch auf einem Hahn, der die reine Unschuld symbolisiert. Sie hält ein Furcht einflößendes Schwert, einen großen Dreizack und heilige Schriften in Händen. Von ihr werden »herabregnende Segnungen« erwartet. Laut einer von vielen Volkserzählungen, die man mit ihr verbindet, war sie einst eine Prinzessin, die ihren Ehemann kastrierte, weil dieser es vorzog, in den Wald zu gehen und sich dort »wie eine Frau« zu benehmen, statt mit ihr das Ehebett zu teilen. Einer anderen überlieferten Erzählung nach wurde der Mann, der sie zu belästigen versuchte, mit lebenslanger Impotenz belegt. Ihm wurde erst verziehen, nachdem er seine Männlichkeit freiwillig aufgab, sich als Frau kleidete und seine Göttin tief verehrte. Die Rede ist von Bahuchara Mata, der Göttin der indischen Hijra-Gemeinschaft, deren heiliger Tempel sich in Shankhalpur, im Bundesstaat Gujarat befindet und der auch als »Bahucharajii« bekannt ist.

Dieser Göttin zu Ehren unterziehen sich die sogenannten Hijras – Männer oder männliche Scheinzwitter – einer äußerst schmerzvollen rituellen Kastration und Penisamputation oder streben diese zumindest an, da sie nur dann als ganz von der Göttin angenommen gelten und damit selbst zu einer wirksamen Segnung – oder Verfluchung – fähig sind. Für das große Opfer der eigenen physischen Fruchtbarkeit wachsen ihnen angeblich neue, zum Teil übernatürliche und übermenschliche Fähigkeiten zu, wie die Macht, böse Geister zu vertreiben, Fruchtbarkeit zu geben, diese aber auch zu nehmen. Viele Hijras erkranken oder sterben jedoch an den Folgen des Eingriffs, den medizinische Laien in der Regel mithilfe eines einfachen scharfen Messers unter hygienisch höchst fragwürdigen Umständen durchführen: Wenn sie nicht gleich verbluten, kommt es oftmals zu tödlich endenden Entzündungen und Vergiftungen. Auch leiden viele Hijras ein Leben lang an dem schlecht vernarbten Unterleibsgewebe. Nach der Kastration dürfen die Hijras – so die Vorschriften – vierzig Tage lang keinen Mann sehen und müssen sich sorgfältig verhüllen. Der abgetrennte Penis wird vergraben. Hijras legen besonders großen Wert darauf, weder als Mann noch als Frau angesprochen zu werden, sondern eben als Hijra, als Angehörige des dritten Geschlechts.

Die Hijras leben in eigenen Gemeinschaften und bilden der hierarchisch strukturierten hinduistischen Gesellschaft entsprechende Lebens- und Wirtschaftsgemeinschaften, denen stets ein Guru vorsteht. Dieser beziehungsweise diese muss für die materiellen und spirituellen Bedürfnisse der Mitglieder der Gemeinschaft Sorge tragen und hat im Gegenzug ein Anrecht auf deren Gesamteinnahmen und auf strikte Loyalität. Ihren alles in allem kargen Lebensunterhalt verdienen sich die schrillbunte Frauenkleider tragenden und auffallend geschmückten und geschminkten Hijras traditionell durch Tanzen, Segnungen auf Hochzeiten, bei Hauseinweihungen und Geschäftseröffnungen, nach der Geburt von Söhnen, aber vor allem als Prostituierte, da ihnen nur wenige andere Berufe offenstehen. Häufig bieten sie ihre Liebesdienste (Oral- und Analverkehr) unaufgefordert an. Die

Hijras werden im Grunde nur geduldet und bezahlt, weil die Menschen große Angst vor einer Verfluchung haben, wobei die Hijras ihr Geschlechtsteil, genauer gesagt das, was davon übriggeblieben ist, entblößen und dabei obszöne Worte ausstoßen. Einmal im Jahr treffen sie sich zu einem zweiwöchigen Festival in dem südindischen Dorf Kuvagam.

Obwohl der Anschluss an eine Hijra-Gemeinschaft für viele transsexuelle Frauen und Mädchen sowie hermaphroditisch Geborene in Indien aufgrund der gesellschaftlichen Verhältnisse geradezu zwangsläufig ist, weist ihr Identitätsgefühl stark religiöse Züge auf. Selbst wenn sich manche unter ihnen zum Islam, Buddhismus, Hinduismus oder Christentum bekennen, verbindet alle die Anhängerschaft an die Göttin Bahuchara Mata, unter deren heiligem Schutz sie stehen und deren spirituelle Kraft sie verkörpern.

Literatur: Gerhard Hafner, Das beste Stück. Kastration und zugehörige Ängste, Freitag 46, 2002; vgl. auch den Dokumentarfilm »Between the Lines – Indiens drittes Geschlecht zwischen Mystik, Spiritualität und Prostitution«, Regie: Thomas Wartmann, Indien 2005.

OM – Die unauslotbaren Dimensionen der heiligen Silbe

OM …! Auch wer noch nie in Indien war, kennt sie, die heilige Silbe des Hinduismus (aber auch des Buddhismus und des Jainismus), das umfassendste und erhabenste Symbol dieser Weltreligion, das zum ersten Mal in den Upanischaden erwähnt wurde. OM, *mantrikamantra* oder die Mutter aller Mantras, war Kalis gewaltiges Schöpfungswort, eine Bezeichnung ihres eigenen schwangeren Bauches, die vielleicht von dem Stöhnen einer Frau bei der Geburt herrührt, denn die Göttin Kali gab dieses Wort von sich, als sie das Universum hervorbrachte. OM beziehungsweise AUM gilt ferner als direkte Manifestation der spirituellen Kraft, der Gegenwart des Absoluten in einer Welt voller Täuschungen und Illusionen, in der allenthalben das universale Prinzip der Göttin Maya herrscht. Gläubige Hindus intonieren die Silbe mit dem mystischen Klang während des Gebets und der Meditation. Denn sie soll nicht nur sicheren Schutz gewähren, sondern sogar die Essenz des wahren Wissens enthalten.

OM ist kein Wort, kein Begriff, vielleicht nicht einmal eine Silbe – nichts als ein heiliger Urlaut, eine Art Raunen des Numinosen, ein Ausdruck heiliger Ergriffenheit in der Begegnung mit dem ganz Anderen. Das aus drei Kurven bestehende Symbol, das an den Fassaden indischer Tempel ebenso wie auf Tellern und Teelöffeln prangt und unter anderem die Triade von Vishnu, Shiva und Brahma bezeichnet, steht für die körperliche, geistige und unbewusste Sphäre des Seins. Gleichzeitig deutet es auf drei Bewusstseinszustände, wobei das A für das Wachbewusstsein, das U für das Traumbewusstsein und das M für den traumlosen Tiefschlaf steht. Außerhalb und über diesen drei Kurven versinnbildlicht ein einzelner Punkt das Brahman, das höchste, absolute Bewusstsein oder Selbst, das die drei anderen Teile erleuchtet und beherrscht. Ohne Letzteres gäbe es kein Universum, kein Leben und folglich kein Denken. Es selbst leuchtet durch sein eigenes Licht.

Die Magie des einzelnen, lang angehalten Tones wird in der indischen wie in der abendländisch-klassischen Musik auch als Orgelpunkt bezeichnet: »Es sind, losgelöst von Zeit und Raum, archetypische Widerfahrnisse, die von numinosen Urlauten, dem unablässigen Om der Zen-Mönche und Dhrupadsänger Indiens, dem Klang der bewusstseinsbefreienden, eintönigen Dung Chen, jener tibetischen Langtrompeten, ausgehen, weil der Ton an sich die Bedeutung eines ›unmittelbar verstandenen qualitativen Zeichens‹ hat, ›das nicht nur unsere Aufmerksamkeit, sondern auch unsere Einfühlungsgabe augenblicklich mit Macht in Bewegung setzt‹«, schreibt der Musikwissenschaftler Rudolf Franz Reschika.

Die heilige Silbe OM findet sich auch in der berühmten Sanskrit-Formel »OM MANI PADME HUM«, wörtlich »OM, Juwel im Lotos, HUM« wieder, die dem Avalokiteshvara (dem Bodhisattva oder Erleuchtungswesen) zugeordnet wird und das bedeutendste und älteste Mantra des tibetischen Buddhismus ist. Die einfachste Erklärung des von sogenannten Keimsilben eingeschlossenen Wortpaars »Juwel im Lotos« ist die Gleichsetzung des Juwels mit dem Erleuchtungsgeist (Bodhichitta), der im Lotos des menschlichen Bewusstseins erzeugt werden soll. Für den tibetischen Buddhismus sind die sechs Silben unmittelbarer Ausdruck der grundlegenden Haltung des Mitgefühls. In ihrem Rezitieren formuliert sich der tiefe Wunsch nach Befreiung ausnahmslos aller Lebewesen aus dem leidvollen Kreislauf der Wiedergeburten.

Mittlerweile hat die heilige Silbe auch den Cyberspace erobert, etwa im Rahmen elektronischer Ashrams.

So geheimnisvoll, vielschichtig und widersprüchlich wie dieses zentrale Symbol des Hinduismus, das Joachim Ernst Berendt mit dem christlichen Amen, also der liturgischen Akklamation beziehungsweise dem Abschluss eines Gebets verglichen hat, stellt sich auch die mit rund 670 Millionen Gläubigen drittgrößte und mit einer Tradition von fünftausend Jahren mit Abstand älteste Weltreligion in ihrer Lehre und Geschichte insgesamt dar.

Literatur: Artikel »OM«, in: Lexikon der östlichen Weisheitslehren. Buddhismus, Hinduismus, Taoismus, Zen, Bern/München/Wien 1986, S. 271f.; Rudolf Franz Reschika, Bruckner. Gestalten und Archetypen seiner Musik, Kludenbach 2007, S. 45.

Die Verkörperung der Unschuld und des Mitleids –
Mahatma Gandhis Liebeserklärung an die heiligen Kühe

Als fruchtbares, die lebenswichtige Milch produzierendes Haustier gilt die Kuh allgemein als Ursymbol der mütterlichen Erde, der Fülle und des bergenden Schutzes. In der psychologischen Symbolik ist sie, so Ernst Aeppli, ein »gutes Tier von kleiner Dynamik und großer Ausdauer ... mit seiner einfachen Wärme, seiner geduldigen Trächtigkeit, ein schlichtes Symbol für die Mutter Erde selbst, ein Ausdruck des vegetativ Mütterlichen ... Die Kuh steht im großen Rhythmus ihrer demütigen Natur. Natürlich im sichtbarsten Sinn ist ihre grüne Speise. Sie hat ihre besondere primitive Heiligkeit.«

Schon in den Veden galt die Kuh als Göttin und Verkörperung der Erde. Andere hinduistische Schriften bezeichnen sie als »Wunschkuh«, die Erfüllerin der Wünsche. Besonders mit der Kuh verbunden ist Krishna, die populäre Inkarnation des Gottes Vishnu.

Frühere Mythen erzählen von einem Universum, das aus Kuhmilch geronnen war. In Indien ist der Glaube an den Schöpfungsmythos, der das »Buttern des Milchmeeres« genannt wird, noch weit verbreitet, und die Kuh wird als heilige Ernährerin verehrt. In den meisten indischen Bundesstaaten ist das Töten von Kühen daher gesetzlich verboten und der Verzehr von Rindfleisch ein absolutes Tabu. In einigen Gegenden gibt es sogenannte Gaushalas, spezielle Ställe, wo kranke oder alte Kühe bis an ihr Lebensende gefüttert werden. Wohlhabende Menschen unterstützen diese Ställe mit zum Teil großzügigen Spenden.

Die Wurzel des Wortes Kuh ist das Sanskritwort *gau*, ägyptisch *kau* oder *kau-t*. Auch die Bezeichnung der yonischen Kaurischnecke geht auf Namen der Göttin wie »Gauri« und »Kauri« zurück. Bei brahmanischen Wiedergeburtszeremonien wurde daher entweder eine große Kaurischnecke verwendet oder ein Bild der Kuhmutter: »Wenn ein Mann wegen schwerer Vergehen aus seiner Kaste ausgestoßen wurde, kann er nach einiger Zeit, die er unter dem Bauch einer Kuh verbracht hat, wieder aufgenommen werden«, so der berühmte schottische Anthropologe und Begründer der Religionsethnologie James George Frazer, Autor des epochalen Hauptwerks *Der goldene Zweig. Eine Studie über Magie und Religion.* Auch der Buddhismus sieht eine enge Verbindung zwischen der Kuh und dem stufenweisen Fortschreiten zur inneren Erleuchtung des Menschen. Dabei symbolisiert die weiße Kuh die höchste Stufe der individuellen Existenz vor deren endgültigem Aufgehen im Absoluten. Die vedische Tradition kennt die Kuh zudem als Seelenführerin.

Eine regelrechte Liebeserklärung an die heiligen Kühe Indiens hat Mahatma Gandhi (1869–1948), der Führer der indischen Unabhängigkeitsbewegung und Vertreter des gewaltlosen Widerstands, in den Jahren 1921 beziehungsweise 1924, verfasst, just zu einer Zeit, da er gegen das britische Textilmonopol die Handspinnbewegung anregte und mehrfach inhaftiert wurde: »Im Mittelpunkt des Hinduismus steht der Schutz der Kuh. Für mich ist der Schutz der Kuh eine der wunderbarsten Erscheinungen in der menschlichen Entwicklung. Er führt den Menschen über seine eigene Spezies hinaus. Für mich bedeutet die Kuh die ganze nichtmenschliche Schöpfung. Durch die Kuh ergeht an den Menschen der Auftrag, seine Einheit mit allem, was lebt, zu verwirklichen. Es ist für mich ganz klar, warum die Kuh für diese Apotheose [Vergöttlichung] erwählt wurde.« Gandhi bezeichnet die Kuh, welche die Grundlage für die Landwirtschaft schuf, nicht nur als besten Freund und Mutter von Millionen Indern, sondern auch als regelrechtes Füllhorn und Geschenk des Hinduismus an die Welt. Die Kuh sei nicht weniger als ein Gedicht des Mitleids und die Verkörperung der Unschuld schlechthin. Wer die Kuh zu schützen weiß, schützt zugleich die Schwachen und Bedürftigen, respektiert die Bruderschaft zwischen Mensch und Kreatur. Dem Vorbild der Rishis, der alten Seher, Heiligen und Dichter Indiens, die für die Sache der Kuh Buße getan hätten, sollten auch wir Modernen nacheifern.

Literatur: Ernst Aeppli, Der Traum und seine Deutung, Zürich 1943, zitiert nach: Hans Biedermann, Knaurs Lexikon der Symbole, Erfstadt 2004, S. 258; Sir James G. Frazer, Folklore in the Old Testament, New York 1927; Mohandes Karamchand Gandhi, Freiheit ohne Gewalt, herausgegeben von Klaus Klostermeier, Köln 1968, S. 107ff.; ders., Jung Indien, ausgewählt von Romain Rolland und Madeleine Rolland, Erlenbach-Zürich 1924, Eintrag vom 8. 6. 1921, beide zitiert nach: Hubertus Halbfas, Das Welthaus. Ein religionsgeschichtliches Lesebuch, Stuttgart/Düsseldorf 1983, S. 185f.

Der Buddhismus

Ein weißer Elefant und andere Wunder –
Sinnfällige Legenden um Buddhas Geburt und Tod

Aufgrund gesicherter historischer, philologischer und archäologischer Quellen gibt es – wie im Falle Jesu – heute selbst seitens skeptischer westlicher Gelehrter keinen Zweifel mehr an der realen Persönlichkeit Siddharta Gautamas, des Begründers des Buddhismus. Wie um die meisten großen Religionsstifter ranken sich indes auch um den geschichtlichen Buddha, den Prinzen Siddharta, viele sinnfällige Legenden, vor allem über dessen Geburt und Tod.

So soll seine Mutter geträumt haben, dass ein Bodhisattva in Gestalt eines weißen Elefanten in ihren Leib eingegangen sei. Siddharta soll dann aus der rechten Hüfte seiner Mutter ausgetreten sein, während sie sich stehend gebärend an den Zweigen eines Baumes festhielt. Der Überlieferung nach soll der Neugeborene sieben Schritte in alle Himmelsrichtungen getan, dabei den einen Arm zum Himmel, den anderen zur Erde gestreckt und die Worte gesprochen haben: »Ich bin der Größte in der Welt, dies ist meine letzte Geburt, enden werde ich das Leiden von Geburt, Alter und Tod.« Währenddessen soll eine Lotosblüte unter jedem seiner Schritte aus dem Boden gewachsen sein – eine Legende, die man bis heute in vielen künstlerischen Darstellungen abgebildet findet.

Einem anderen Mythos zufolge wies Siddharta schon bei der Geburt die überlieferten Merkmale der Vollkommenheit auf. Wahrsager sollen prophezeit haben, er würde entweder ein Weltenherrscher oder ein Erwachter (Buddha) werden. Welcher Weg für ihn bestimmt war, sollten ihm vier Zeichen zeigen. Siddhartas Vater jedoch sah in dem Sohn seinen Nachfolger. Mit allen erdenklichen Mitteln versuchte er daher zu verhindern, dass Siddharta irgendwelche Zeichen zu Gesicht bekam, die ihn auf einen religiösen Weg bringen könnten, und ermöglichte ihm die bestmögliche Erziehung. Vor allem trachtete er danach, ihn von allen existenziellen Sorgen und jeglichem Elend fernzuhalten. Zu seinen Jüngern soll Buddha rückblickend gesagt haben: »Ich war verwöhnt, sehr verwöhnt. Ich salbte mich nur mit Benares-Sandel und kleidete mich nur in Benares-Tuch. Bei Tag und Nacht wurde ein weißer Sonnenschirm über mich gehalten. Ich hatte einen Palast für den Winter, einen für den Sommer und einen für die Regenzeit. In den vier Monaten der Regenzeit verließ ich den Palast überhaupt nicht. Ich war von Musikantinnen umgeben.«

Trotzdem zog es Siddharta unwiderstehlich in die Fremde, nachdem er bei vier Ausfahrten jenseits der Palastmauern vier Zeichen erblickt hatte: einen Alten, einen Kranken, einen Toten und einen Mönch. Schenkt man der Legende Glauben, so handelte es sich bei diesen vier Gestalten um Manifestationen von Göttern, die Siddharta erschienen waren, um ihn auf den Weg zur Buddhaschaft zu bringen. Während Siddharta in den ersten drei Zeichen das Leid der Welt erkannte, sah er im Mönch seine eigene Bestimmung und setzte sich daher das Ziel, das Leiden zu überwinden.

Dem berühmten Mahaparinibhana-Sutta (einer Pali-Schrift, welche die letzten Lebensjahre des historischen Buddhas behandelt) zufolge soll der Buddha im Jahre 486 oder 483 BCE in Kushinagara eine verdorbene Speise zu sich genommen haben und auf der rechten Seite liegend, nach Westen gewandt, ins sogenannte Parinirvana eingetreten sein. Gemäß der Pali-Überlieferung soll Buddha am Vollmondtag des Monats April/Mai, nach den Sanskrittexten am Tag des Vollmonds im November, gestorben sein. Seine letzten Worten lauteten, so heißt es zumindest: »Unbeständig sind alle geschaffenen Dinge. Strebt weiter danach, Bewusstsein zu erlangen …«

Auch über die Beisetzung Buddhas existieren die mannigfaltigsten Legenden: Sie soll jedenfalls von Wundern begleitet gewesen sein, wobei die Verteilung seiner heiligen Reliquien zu heftigen Streitigkeiten führte, da gleich mehrere Gemeinden Anspruch darauf erhoben. In acht Teile aufgeteilt, werden sie in eigenen sakralen Bauten, den Stupas, bis heute an verschiedenen Orten aufbewahrt.

Literatur: Die Buddha-Zitate wurden folgendem Werk entnommen: Gustav Mensching, Die Weltreligionen, Darmstadt o. J., S. 40ff.

Buddhas reiner Garten der Erlösung – Wenn verzweifelte Liebespaare in Japan Doppelselbstmord begehen

Heinrich von Kleist und Henriette Vogel, Kronprinz Rudolf von Habsburg und Maria Vetsera, Adolf Hitler und Eva Braun … Zumindest eine Gemeinsamkeit haben die Genannten: Sie begingen, wenn auch aus gänzlich unterschiedlichen Motiven, Doppelselbstmord.

In Japan gilt Shinju, der Suizid zweier Liebender, die keine andere Möglichkeit sehen, weiterhin vereint zu bleiben, als eine spezielle Form des Todes. Die Liebenden, die beschließen, aus dem Leben zu scheiden, begeben sich dafür oftmals in einen buddhistischen Tempel, schneiden sich das Haar ab und wiederholen den Namen Buddhas, bevor der Mann die Frau und dann sich selbst umbringt.

Ursprünglich bedeutete *shinju* »in jemandes Herzen oder Treue zu jemandes Herzen« und wurde in Wendungen wie »die Treue zu seinem Partner beweisen« gebraucht. In der zweiten Hälfte des 17. Jahrhunderts wurde das Wort dann im Sinne eines gemeinsamen Suizids der Geliebten, welches als höchste Form der Demonstration gegenseitiger Treue gesehen wurde, verwendet. Seit dieser Zeit – und bis heute – wird *shinju* im Sinne von Doppelselbstmord eines Liebespaares oder auch von Familiensuizid benutzt.

Praktiziert wurde Shinju besonders häufig während der feudalen Tokugawa-Zeit, vom 17. bis Mitte des 19. Jahrhunderts, und zwar in weiten Gesellschaftskreisen. Ein ungewöhnliches, frappantes Phänomen, das nicht nur kulturelle und soziale Hintergründe wie Ehr- und Pflichtverletzungen hatte, sondern auch eminent religiöse, und sogar Eingang in die japanische Kunst, in Theater und Literatur fand. Besonders in den Dramen von Chikamatsu Monzaemon (1653–1724) taucht Shinju als höchst romantischer, wenn auch schonungslos realistisch dargestellter Tod, aber nicht unbedingt als beklagenswertes Ende einer Tragödie auf – so wie der Selbstmord in Japan im Allgemeinen nie als Sünde oder wirkliches Vergehen betrachtet wurde, man vielmehr dazu neigte, ihn zu beschönigen, zu verklären und zu ritualisieren, etwa in Gestalt von Seppuku oder Harakiri.

Doch wie verträgt sich Shinju mit den religiösen und moralisch-ethischen Aspekten der japanischen Gesellschaft, vor allem mit buddhistischen Grundanschauungen über das Nicht-Verletzen und Nicht-Töten leidensfähiger Wesen? Der Buddhismus, der ursprünglich im 6. Jahrhundert aus China und Korea nach Japan kam, erfuhr im Laufe mehrerer Jahrhunderte des kulturellen Kontakts und des Austausches eine eigene Prägung, und so entstanden neue japanisch-buddhistische Sekten: »Eines der Kennzeichen des japanischen Buddhismus ist der weitverbreitete Glaube an die Existenz von Jodo, dem ›reinen Garten für das Volk nach der Erlösung‹«, schreibt Junzo Kawada, Professor für Vergleichende Japanische und Afrikanische Kulturforschung in Tokio. »Jodo wurde gleichgesetzt mit Gokuraku, dem ›Wohnsitz Buddhas‹. Im ursprünglichen indischen Buddhismus war eine Vorstellung wie die des Jodo dagegen unbekannt; wahrscheinlich stammte dieser Begriff aus China und dort aus der Übersetzung des Sanskrit-Wortes *buddhaksetra*. In Japan wurde er weiter stark verwandelt und popularisiert. Jodo wurde als ein Garten aufgefasst, worin in einem Teich riesige Lotusblüten sprießen; die Menschen baden in einem sauberen Fluss, ein sanftes Lüftchen

weht aus Bäumen mit Blättern aus Gold und Cloisonné eine lieb-
liche Musik heran ... Wer diesen Garten nach der Erlösung
betritt, ist von allem Leiden befreit und lauscht dort den Lehrreden Buddhas.«

Aus diesem Grund wurden Liebende, die Shinju begingen,
auch als Menschen beschrieben, die nach dem Jodo streben, wo
ihre Liebe letztendliche Erfüllung findet, wo sie in Frieden »auf
dem nämlichen Lotosblatt« zusammenleben würden, wie Junzo
Kawada weiter erklärt. »Jodo wurde als Gegensatz zu Edo, der
›unreinen Erde‹ oder ›unserer irdischen Welt‹, aufgefasst. Um
nach dem Tod in die Gefilde von Jodo einzugehen, muss man
geläutert, also von allem irdischen Begehren, somit auch von der
›Liebe‹ befreit sein. Folglich ist es im Grunde ein logischer
Widerspruch, wenn sich Menschen, die von irdischen Sehnsüchten oder von ›Liebe‹ erfüllt sind, Hoffnung machen, sie würden
dereinst in den Garten Jodo gelangen.«

Doch noch im 20. Jahrhundert wurde Shinju praktiziert. So
hatte der Oberste Gerichtshof Japans 1958 einen Fall zu entscheiden, in dem einer der Beteiligten die Bereitschaft zum
gemeinsamen Selbstmord nur vorgetäuscht hatte. Nachdem er
seiner Partnerin zuerst das Gift gereicht hatte, unterließ er es –
wie von vornherein beabsichtigt –, ihr in den Tod zu folgen. Dies
wurde in allen drei Instanzen nicht nur als weniger schwerwie-
gende Beihilfe zum Selbstmord, sondern als Totschlag gewertet,
der Täter zu sechs Jahren Zuchthaus verurteilt.

Literatur: Junzo Kawada, Der Doppelselbstmord als kulturelles und religiöses
Phänomen in Japan, in: Der Tod in den Weltkulturen und Weltreligionen,
herausgegeben von Constantin von Barloewen, München 1996, S. 228–246.

Das verbrannte Buddhabild und die Edelsteine
aus der Asche verstorbener Heiliger

Die bildliche Darstellung von Göttern, Religionsstiftern und Heiligen ist in vielen Religionen bis heute höchst umstritten. Ob ein gegenständliches Kultbild der Gottheit beziehungsweise dem Heiligen angemessen ist oder bereits jedes Bild aus diesen Götzen macht, beschäftigte auch den Buddhismus. Desgleichen das Problem, inwieweit Bilder von Heiligen zu verehren seien oder nicht, und ob die Zerstörung dieser Bilder, aus welchen Gründen auch immer, ein Vergehen sei. So in der folgenden Geschichte, die der japanische Gelehrte und im Westen wohl bekannteste moderne Interpret des Zen-Buddhismus, Daisetz Teitaro Suzuki, über einen chinesischen Zen-Buddhisten erzählt. Mit der Frage, ob man ein Buddhabild nötigenfalls verbrennen darf, verknüpft sich hierbei die buddhistische Vorstellung von den heiligen Shariras. *Sharira* (*shari* im Japanischen) bedeutet wörtlich »Körper«, »Leib«, »Hülle«. Im Buddhismus ist damit jedoch ein kostbarer Edelstein gemeint, der sich nach der Verbrennung gleich einem Wunder und übernatürlichen Zeichen in der Asche des Verstorbenen finden soll, wenn dieser ein heiliges Leben geführt hat. Um die Shariras gibt es bis in unsere Zeit hinein einen regelrechten Reliquienkult.

»Als Tanka zur Zeit der Tang-Dynastie zu Yerinyi in der Hauptstadt rastete, war es äußerst kalt. Da nahm er eines der dort auf dem Altar aufgestellten Buddhabilder herunter, machte damit Feuer und wärmte sich. Als der Hüter des Tempels dies sah, war er höchst entrüstet und rief aus: ›Wie kannst du es wagen, mein hölzernes Buddhabild zu verbrennen?‹

Tanka begann in der Asche herumzusuchen, als schaue er nach irgendetwas, und sagte: ›Ich sammle die heiligen Shariras aus der glühenden Asche.‹

›Wie kannst du‹, sagte der Wärter, ›Shariras von einem hölzernen Buddha erwarten?‹

Tanka erwiderte: ›Wenn keine Shariras in der Asche zu finden sind, kann ich dann auch noch die beiden anderen Buddhas für mein Feuer haben?‹

Der Tempelhüter verlor später beide Augenbrauen, weil er gegen Tankas scheinbare Ruchlosigkeit Einwendungen erhoben hatte, indes Tanka niemals vom Zorn des Buddha getroffen wurde.«

Der buddhistische Reliquienkult begann wahrscheinlich unmittelbar nach dem Tode des Buddha Shakyamuni, als man dessen heilige Asche aufteilte, was zu Streitigkeiten zwischen den einzelnen Stämmen führte. Zu Reliquien im weitesten Sinne zählen auch Sutras (Lehrreden des Buddha), Dharanis (kurze Formeln magischen Wissens) und Bildwerke des Buddha, die einem Stupa oder einer Pagode heiligen Charakter verleihen können. Nach volkstümlicher Auffassung gewährt die Verehrung der Reliquien Schutz vor Missgeschick. Reliquien des historischen Buddha wurden in seiner Heimatstadt Kapilavastu und in Vaishali gefunden. Ein Zahn des Buddha soll in Candy auf Ceylon in einem eigenen Tempel aufbewahrt werden und Haare des Erwachten in einer Pagode in Burma. Auch die Almosenschale des Buddha soll noch erhalten sein. Es heißt, sie sei unter Ashoka nach Ceylon gebracht worden. Marco Polo zufolge soll sie dann auf Befehl des Kublai Khan von Ceylon nach China überführt worden sein.

Literatur: Daisetz Teitaro Suzuki, Die große Befreiung. Einführung in den Zen-Buddhismus, Weinheim 1972.

Erleuchtung durch abgeschnittenen Finger –
Der Ein-Finger-Zen des chinesischen Meisters Chü-chih

Im chinesischen wie im japanischen Zen-Buddhismus ist es üblich, dass der Meister seinem Schüler ein sogenanntes Koan, eine rätselhafte Aussage zum Meditieren, gibt – etwa: »Was ist der Klang einer allein klatschenden Hand?«, oder: »Was war dein ursprüngliches Gesicht, bevor du geboren wurdest?« Der Schüler muss darüber so lange meditieren, bis er seinem Lehrer glaubhaft vermitteln kann, dass er verstanden hat, was mitunter ein ganzes Leben lang in Anspruch nimmt. Das Wesentliche eines jeden Koan ist dabei ein Paradoxon, etwas, das jenseits des Denkens liegt, etwas, das logisches, begriffliches Verstehen übersteigt. In diesem Sinne ist ein Koan auch streng genommen kein Rätsel, da es nicht mit dem Verstand zu lösen ist, dem Meditierenden vielmehr die begrenzten Möglichkeiten seiner Ratio aufzeigt. Um zu einer Lösung zu gelangen, bedarf es mithin eines instinktiven, intuitiven Sprunges auf eine andere Ebene des Begreifens.

Chü-chih, japanisch Gutei, lebte im 9. Jahrhundert und war, bevor er selbst zu einem großen chinesischen Zen-Meister wurde, Schüler und Dharma-Nachfolger von Hang-chou T'ien-lung. Meister Chü-chih, über den sonst kaum etwas bekannt ist, taucht auf in einem berühmten Koan aus dem *Wu-men-kuan* (wörtlich: Die torlose Schranke), einer der beiden wichtigsten Koan-Sammlungen der Zen-Literatur überhaupt. Es lautet in etwa folgendermaßen, denn es existieren verschiedene, leicht voneinander abweichende Versionen davon:

Meister Chü-chih, wann immer ihm eine Frage über Zen gestellt wurde, hielt bloß einen Finger hoch, ohne weiter etwas zu sagen. Zum Beispiel: »Welches ist die oberste und absolute Wahrheit?« – Antwort: das stille Hochheben eines Fingers. »Was ist die Essenz des Buddhismus?« – Antwort: wieder genau das gleiche stille Hochheben eines Fingers. Es ist klar, dass in einer normalen Lebenssituation diese Handlung keinen Sinn hat, denn das einfache Hochheben eines Fingers stellt überhaupt keine vernünftige Antwort auf irgendeine der gestellten Fragen dar, außer man würde fragen: »Wo ist dein Finger?« Die Antwort ist nicht verständlich, und da sie nicht verständlich ist, ist sie auch keine Antwort, sie ist sinnlos. Auf der andere Seite spüren wir in unserem perplexen Geist etwas, das uns ahnen lässt, es müsse eine versteckte Bedeutung in dem Hochheben des Fingers von Meister Chü-chih geben, es könne keine reine Sinnlosigkeit sein. Welches ist nun diese versteckte Bedeutung, die der Meister durch das stille Hochheben seines Fingers übermitteln wollte? Folgen wir der Anekdote weiter.

Später hatte der Meister einen Knaben als Schüler, Lehrling und Helfer. Da dieser das Verhalten seines Meisters beobachtet hatte, hob auch er immer einen Finger, wenn er während der Abwesenheit seines Meisters über Zen befragt wurde. Einst fragte ihn einer von außerhalb: »Was für einen Dharma lehrt der Meister?« Der Knabe hob auch nur einen Finger hoch. Zuerst bemerkte es der Meister nicht, und alles ging für einige Zeit gut. Doch schließlich erfuhr er, was der Junge hinter seinem Rücken tat. Eines Tages versteckte Chü-chih ein Küchenmesser in seinem Ärmel, rief den Jungen zu sich und sagte: »Ich höre, dass du das Wesen des Buddhismus verstanden hast. Ist das wahr?« Der Junge antwortete: »Ja, das ist so.« Daraufhin fragte der Meister: »Was ist der Buddha?« Als Antwort hielt der Junge einen Finger hoch. Meister Chü-chih ergriff den Jungen unversehens und schnitt den hochgehaltenen Finger mit dem Messer ab.

Als der Knabe, von Schmerz überwältigt, laut schreiend aus dem Zimmer rannte, rief der Meister ihn zurück. Der Junge drehte sich um. In diesem Augenblick kam des Meisters Frage wie ein Blitz: »Was ist der Buddha?« Beinah einem konditionierten Reflex gehorchend, hob der Junge seine Hand, um seinen Finger zu recken. Aber da war kein Finger mehr.

Es wird berichtet, dass der Junge an Ort und Stelle die Erleuchtung erreichte. Als Chü-chih sich anschickte, die Welt zu verlassen, also zu sterben, da sprach er zu seinen Schülern und sagte: »Ich erhielt das Ein-Finger-Zen von T'ein-lung. Ein Leben lang habe ich es angewandt und nicht ausgeschöpft.« Sobald er zu Ende gesprochen hatte, verschied er.

»Aus heutiger Sicht ist es unaufklärbar, ob es sich bei den Koans vom abgehackten Finger, der getöteten Katze und dergleichen um Episoden mit realem Hintergrund oder um Allegorien, erfunden einzig mit dem Ziel der Evokation bestimmter Gefühle, handelt«, schreibt der in Beijing lebende Autor und Buddhismus-Experte Hans-Günter Wagner in seinem Essay *Zen, Kamikaze und ein abgehackter Finger*. »Mit der Instrumentalisierung von Gewalt im Dienste höherer spiritueller Ziele ist (jedenfalls) mit dem Ahimsa-Prinzip (Friedfertigkeit und das Nicht-Verletzen anderer sind die Grundpfeiler der frühbuddhistischen Ethik) gebrochen und zugleich ein neues Fass geöffnet worden, an dessen trunken machendem Inhalt sich Jahrhunderte später die japanischen Zen-Anhänger bis zur Selbstvergiftung labten.«

Literatur: Zen Flesh, Zen Bones, a Collection of Zen & pre-Zen Writings, Compiled by Paul Reps, Rutland, Vermont & Tokyo, Japan 1990; »Chü-chih«, in: Lexikon der östlichen Weisheitslehren. Buddhismus, Hinduismus, Taoismus, Zen, Bern/München/Wien 1986, S. 83; Hans-Günter Wagner, Zen-Kamikaze und ein abgehackter Finger. Über Poesie und Gewalt im Zen-Buddhismus, in: Engagierter Buddhismus – Gelbe Reihe, Heft 9, Frühling/Sommer 2006, S. 30 bzw. 32.

Der tibetische Ödipus- und Elektrakomplex

Schenkt man dem tibetischen Buddhismus, vor allem seiner mystischen Spielart des Höchsten-Yoga-Tantra Glauben, eignet dem gewöhnlichen Wiederverkörperungsprozess von Wesen ein unvermutet voyeuristisches, die erotische Privatsphäre Liebender ganz und gar missachtendes, ja verletzendes Element. Denn ein Geistwesen, das sich im Übergangsstadium zwischen vergangenem und neuem Leben befindet – die Tibeter wissen um insgesamt drei Bardo-Phasen oder Zwischenzustände des Todes –, das heißt kurz vor seiner nächsten irdischen Inkarnation steht, schaut seinen zukünftigen Eltern gleichsam von oben, aus einem quasi jenseitigen Bereich, beim Geschlechtsakt zu. Eine Vorstellung, die nicht bei allen potenziellen Eltern Begeisterungsstürme entfachen dürfte. Nicht Gott, wie es die monotheistischen Religionen lehren, sondern die eigenen Kinder sind es, die buchstäblich alles sehen, selbst das Intimste!

Soll dieses Wesen als Mann wiedergeboren werden, wünscht es sich Sex mit der Mutter und möchte sich vom Vater trennen. Soll es indes als Frau wiedergeboren werden, verlangt es sehnlichst nach Geschlechtsverkehr mit dem Vater und möchte am liebsten die Mutter loswerden. Beginnt das Wesen dann, den einen der begehrten Liebespartner zu umarmen, nimmt er beziehungsweise sie dessen Sexualorgan nur sehr vage wahr, woraufhin er/sie frustriert und sogar wütend wird. Inmitten brennender Begierde und blinder Wut ob der missglückten sexuellen Vereinigung stirbt das Wesen des Zwischenzustands und fährt daraufhin in den Mutterleib ein, wo die Empfängnis stattfindet. Dabei geschieht der Eintritt in den Mutterleib stets durch den Körper des Vaters, nämlich durch dessen Mund oder Scheitel – hierin sind sich die tantrischen Gelehrten und Meister uneins. Nachdem das Wesen in den Körper des Vaters gefahren ist, passiert es den Leib von oben nach unten, tritt durch den Phallus aus und in die Vagina der Frau ein. Sind alle vier notwendigen Faktoren für eine Wiedergeburt gegeben – als da wären Vorhandensein des Bewusstseins eines Wesens im Zwischenzustand, Vorhandensein von Samen, Vorhandensein eines entsprechenden weiblichen Pendants (es ist davon auszugehen, dass die alten Tibeter noch keine genaue Vorstellung einer »Eizelle« hatten) und, nicht minder wichtig, eine karmische Verbindung zwischen Vater, Mutter und Wesen, sprich Kind –, kann eine Wiedergeburt tatsächlich erfolgen.

Da starke Leidenschaft ein Faktor ist, der ein Wesen im Zwischenzustand unwiderstehlich anzieht, wird jemand, dessen Karma eine Geburt als Frau vorsieht, zu einem besonders leidenschaftlichen Mann hingezogen, und jemand, dessen Schicksal eine Inkarnation als Mann bestimmt, zu einer sehr leidenschaftlichen Frau geführt. Der nicht nur in der tibetischen Kultur gängigen Macho-Meinung, dass ein leidenschaftlicher Mann viele Söhne bekomme, wird dergestalt von höchster spiritueller Warte aus auf das Heftigste widersprochen. Das genaue Gegenteil ist der Fall! Aus diesem Grunde sollte sich ein Mann, der sich männliche Nachkommen wünscht, eine leidenschaftliche Frau suchen und sich bestimmter Liebestechniken bedienen, die in den tibetischen Traktaten ausführlich beschrieben werden. Auch sollte der Geschlechtsverkehr erst mit einer starken Erregung der Frau einsetzen. Falls sich das Paar hingegen ein Mädchen wünscht, sollte der Mann eine starke Leidenschaft für die Frau entwickeln und die Frau währenddessen das Ganze ruhig über sich ergehen lassen und versuchen, den Mann kaum zu beachten. Im Falle gleich großer Leidenschaft ist jedoch die Empfängnis eines Jungen wahrscheinlich, da die Erregung der Frau von Natur aus stärker ist – eine offenbar auf Erfahrungswerten beruhende Ansicht über die unterschiedliche Erotik der Geschlechter (genauer gesagt, die Intensität der Lustempfindungen), welche die Tibeter, nebenbei bemerkt, auch mit anderen Kulturen wie den alten Griechen teilen.

Von einer grundsätzlich heterosexuellen Orientierung der Wesen ausgehend, haben wir es – einen großen kulturellen und zeitlichen Bogen schlagend – im Falle dieser tibetischen (tantrischen) Wiederverkörperungslehre mit einer Art pränatalem, vorgeburtlichem Ödipus- beziehungsweise Elektrakomplex zu tun. Wir erinnern uns: Sigmund Freuds Theorie der Psychoanalyse ging unter anderem davon aus, dass jedes männliche Kind im Laufe seiner Entwicklung eine sogenannte ödipale Phase durchläuft, in der es die eigene Mutter begehrt und mit dem

Vater rivalisiert, ihn sogar unbewusst töten will, um dessen Platz einzunehmen. Doch auch das Mädchen strebt danach, seinen Vater zu besitzen, und tritt in Konkurrenz zur Mutter. Es war der Schweizer Tiefenpsychologe Carl Gustav Jung, der für die weibliche Variante des Ödipuskomplexes den Begriff Elektrakomplex fand, benannt nach der Tochter des Agamemnon und der Klytaimnestra, die aus Rache für den Tod des Vaters ihren Bruder Orestes dazu antrieb, die Mutter zu ermorden.

Jahrhundertealte Geheimlehren vom Dach der Welt und moderne Psychoanalyse, spirituelle Erkenntnisse hoher tibetischer Meister und klinisch-therapeutische Erfahrungen bahnbrechender westlicher Seelenforscher in unerwarteter interkultureller Kommunikation und Korrespondenz!

Literatur: Jeffrey Hopkins, Death, Intermediate State and Rebirth in Tibetan Buddhism; Gendün Chöpel, Die tibetische Liebeskunst. Eros, Ekstase und spirituelle Heilung, aus dem Amerikanischen von Richard Reschika, Freiburg i. Br. 2006, S. 157f.

Ein Berg aus weißem und aus rotem Stoff – Was ein Mensch im Zustand zwischen Tod und Wiedergeburt erfährt

Wie werden wir den Augenblick unseres Todes erleben? Was wird mit uns beim Übertreten der Schwelle geschehen? Was werden wir konkret wahrnehmen? Diese und ähnliche Fragen haben sich Menschen von jeher gestellt. Nach der chinesischen Version des 34. Kapitels des buddhistischen Saddharma-Smrity-Upasthāna-Sūtra sieht ein Mensch, wenn er stirbt und als Mensch wiedergeboren werden soll, bestimmte Zeichen, wobei das Licht, wie in anderen Religionen auch, eine große Rolle spielt. Es bedeutet bildhaft das Erkennen der Wahrheit und die erfolgreiche Überwindung der niederen Materiewelt auf dem Weg zur absoluten Realität, dem farb- und formlosen Nirvana.

Wenn die Zeit seines Todes naht, sieht der Mensch – so das Resümee des bedeutenden Buddhismuskundlers Edward Conze in seinem »Im Zeichen Buddhas« betitelten Buch –, »wie ein großes Felsengebirge sich auf ihn wie ein Schatten herabsenkt. Er denkt bei sich: Dieses Gebirge könnte mir auf den Kopf fallen, und er macht eine Handbewegung, als ob er dieses Gebirge abwehren wolle.« Bald danach scheint der Berg aus weißem Stoff zu bestehen und er erklimmt diesen Stoff. Dann scheint er aus rotem Stoff zu bestehen. Er sieht seine künftigen Eltern beim Liebesakt. In diesem Moment löst sich der Zwischenzustand auf. »Es ist wie der Aufdruck eines Prägestempels; der Prägestempel wird dann zerstört, aber der Abdruck bleibt.«

Hinweise auf die Vorstellung eines Zustands, der den Tod eines Individuums mit seiner nachfolgenden Wiedergeburt verbindet, finden sich in den Werken des Hinayana-, aber auch des Mahayana-Buddhismus, also des Kleinen und des Großen Fahrzeugs, bereits um das 2. Jahrhundert CE. Im sogenannten *Bardo Thödol* (tibetisch: Befreiung durch Hören im Zwischenzustand), dem *Tibetischen Totenbuch*, das im Westen als das wohl bekannteste Werk tibetischer Literatur gelten kann, werden sechs Arten des Bardo, des Zwischenzustands, unterschieden: 1. Bardo der Geburt; 2. Bardo der Träume; 3. Bardo der Versenkung; 4. Bardo des Augenblicks des Todes; 5. Bardo der Höchsten Wirklichkeit; und 6. Bardo des Werdens. Während die ersten drei Bardos das diesseitige Leben als Phase von Schwebezuständen charakterisieren, umfassen die letzten drei den 49 Tage dauernden Prozess des Todes und der Wiedergeburt.

Das *Tibetische Totenbuch* versteht sich dabei als eine – den Anleitungen des griechischen Psychopompos oder Seelenführers vergleichbare – Begleitung des Toten durch die Bardo-Bereiche, die durch einen Lama und weitere Mönche vollzogen werden. Die Tibet-Spezialistin Karénina Kollmar-Paulenz beschreibt diese Zeremonie in ihrer Abhandlung über buddhistische Todes- und Jenseitsvorstellungen: »Während der im Idealfall 49 Tage dauernden Lesung sind in dem Haus des Verstorbenen Verwandte und Bekannte versammelt, die der Lektüre zuhören. Auf diese Weise machen sich die Lebenden vertraut mit den Inhalten des *Totenbuchs*, was ihnen bei ihrem eigenen Tod zugutekommen wird. Denn das, was das Bewusstsein im Bardo erblickt, sind letztlich die Projektionen seines eigenen Bewusstseins, die durch sein Karma gebildet sind. Wird dies erkannt, ist der Weg zur Befreiung offen. Die Belehrung des *Totenbuchs* setzt im Todesaugenblick ein. In der kurzen Zeitspanne zwischen dem Aussetzen der äußeren Atmung und dem ›Aufhören des inneren Atems‹, d. h. des Pulsschlags, scheint der Bardo des Todesaugenblicks auf, der sich durch ein strahlendes helles Licht auszeichnet. Dies ist das Licht der Dharmata, der allem Seienden zugrunde liegenden Soheit, die in ihrer Eigennatur leer ist. Erkennt der Verstorbene das klare Licht als seine eigene wahre Natur, so hat er die Buddhaschaft erlangt. Erkennt er es jedoch aufgrund der Befleckungen seines Karma nicht, so zeigt es sich noch einmal. Wird es nun erkannt, zerstört es das Karma des Toten und führt zur Buddhaschaft.«

Erkennt der Tote das klare Licht aber auch dieses Mal nicht, steigt er endgültig in den Bardo der Existenzbereiche hinab und verspürt die tiefe Sehnsucht nach einem neuen Körper. Durch die unwiderstehliche Macht seines Karma getrieben, wird der Tote eine Geburt in einem Mutterschoß annehmen und, wenn er einsichtig ist, die Wiedergeburt in einem kostbaren menschlichen Körper wählen, da nur die menschliche Existenz die Grunderkenntnis der Leidhaftigkeit der Welt ermöglicht, die auf den Pfad der endgültigen Befreiung führt.

Literatur: Edward Conze (Hg.), Im Zeichen Buddhas. Buddhistische Texte, Frankfurt a. M./Hamburg 1957, S. 233f.; Artikel »Bardo« und »Bardo Thödel«, in: Lexikon der östlichen Weisheitslehren. Buddhismus, Hinduismus, Taoismus, Zen, Bern/München/Wien 1986, S. 32f.; Karénina Kollmar-Paulenz, Befreiung im Bardo oder Höllenqualen. Buddhistische Todes- und Jenseitsvorstellungen, Unipress, Heft 118, Bern 2003.

Mystische Zeichen und Visionen – Woran man den 14. Dalai Lama erkannte

Als am 6. Juli 1935 einer Bauernfamilie im Dorf Takster in Amdo im Nordosten Tibets ein Junge geboren wurde, konnte selbstredend niemand ahnen, dass es sich dabei ausgerechnet um die Wiedergeburt des großen 13. Dalai Lama handelte. Das mongolisch-tibetische Wort Dalai Lama heißt so viel wie »Lehrer, dessen Weisheit so groß wie der Ozean ist« und bezeichnet eine Manifestation des Avalokiteshvara, des Bodhisattva des Mitleids. Gemeint ist jemand, der den Eintritt ins erlösende Nirvana eigentlich bereits verdient hat, sich aber freiwillig dafür entschieden hat, wiederverkörpert zu werden, um in der Welt helfend weiterzuwirken, bis ausnahmslos alle Wesen erleuchtet sind.

Das Leben der Eltern ging seinen gewohnten Gang, bis der dreijährige Junge namens Pawo Döndrub eines Tages die Aufmerksamkeit einer Gruppe von reisenden Händlern auf sich zog. Die Leute, die bei der Familie um Tee baten, waren in Wirklichkeit eine Art Suchtrupp, der nach der neuen Inkarnation des Dalai Lama Ausschau hielt und aufgrund einer Reihe von mystischen Zeichen und Visionen den Weg in die entlegene Gegend gefunden hatte.

Es wird berichtet, dass der erste Hinweis auf diesen Ort fernab von Lhasa vom verstorbenen Dalai Lama selbst gekommen sei: Obwohl mit dem Gesicht gen Süden aufgebahrt, soll sich sein Kopf nach einigen Tagen auf wundersame Art und Weise ostwärts gedreht haben. Andere Hinweise ergaben sich aus Visionen am Orakelsee Lahmo Latso. Dieser 5300 Meter hoch gelegene See stellt für Tibeter bis heute eine der heiligsten Stätten und eines der wichtigsten Pilgerziele dar. Die Dalai Lamas, die Pantschen Lamas und viele andere hohe Würdenträger meditierten am Lahmo Latso, um Visionen zu empfangen. Der Legende nach kann man dort seine eigene Vergangenheit, Gegenwart und Zukunft sehen. »Üblicherweise beginnt in Tibet die Suche nach einer Wiedergeburt am Orakelsee Lhamo Latso«, erläutert der Journalist Andreas Wolfers. »Der schwer zugängliche See liegt östlich von Lhasa. Tagelang meditieren Mönche am Ufer. Sie spähen nach mystischen Zeichen, verborgenen Reflexionen auf der Wasserfläche. Bei der Suche nach dem gegenwärtigen Dalai Lama soll 1937 der Orakelsee den Anfangsbuchstaben jener Provinz offenbart haben, in der Tibets Gottkönig zwei Jahre zuvor geboren worden war.«

Anderen Quellen zufolge waren es folgende Zeichen, wie Andreas Wolfers schreibt: »Drei Buchstaben, ein Kloster mit einem jadefarbenen Dach und ein Haus mit türkisen Kacheln wurden als Spiegelung im Wasser des Orakelsees Lhamo Latso gesehen. Suchtruppen schwärmten durch das Land, um den Ort zu finden, der auf diese Beschreibung zutrifft. Man fand ein Haus mit den türkisen Kacheln in der Nähe des Kumbum Klosters. Der Anführer des Suchtrupps gab sich als Dienstbote aus, aber in dem Moment, als er das Haus betrat, sprang der jüngste Spross der Familie auf seinen Schoß und verlangte seinen Rosenkranz – der Anführer hatte den Rosenkranz des 13. Dalai Lama bei sich. Als man dem Jungen weitere Objekte zeigte, wählte das Kind zielsicher diejenigen aus, die einst im Besitz des Dalai Lamas waren.«

Weitere Hinweise beruhten auf »testamentartigen schriftlichen Verfügungen des verstorbenen Dalai Lama, und die Umstände seines Todes konnten«, wie der Sinologe und Tibet-Kenner Andreas Gruschke schreibt, »gleichfalls eine Rolle spielen. Aber auch Orakelbefragungen und Visionen maßgeblicher Lamas des Ordens waren vonnöten. Im sakralen wie im säkularen Alltag der tibetischen Gesellschaft wurde nicht selten zugunsten bestimmter Interessengruppen manipuliert. ... Die eminente religiöse Bedeutung der Dalai-Lama-Würde machte diese für solche Ränkespiele stets anfällig ...«

Hinzu kam, dass der Junge einen Dialekt beherrschte, den er eigentlich nicht kennen konnte, sowie die acht traditionellen Körpermerkmale auf sich vereinigte – beispielsweise große Ohren und lange Augen mit nach oben gekrümmten Brauen –, die einen Dalai Lama auszeichnen. Für die Delegation stand nun eindeutig fest, dass Pawo Döndrub der 14. Dalai Lama war. Sonam Wangdu, ein Abgesandter aus Lhasa, erinnerte sich: »Wir waren so bewegt, dass uns Tränen des Glücks in die Augen traten. Selbst das Atmen fiel uns schwer, und wir konnten weder ordentlich auf der Matte sitzen noch sprechen.«

Als die brisante Neuigkeit bekannt wurde, beschloss der örtliche Regent, ein muslimischer Kriegsherr namens Ma Bufang, die Situation politisch auszuschlachten, indem er sich weigerte, den neuen Dalai Lama ohne ein Lösegeld in Höhe von dreihunderttausend chinesischen Dollars freizugeben. Aus diesem Grund wurde der Knabe nach einigen Wochen ins Kloster Kumbum geschickt, wo sich bereits ein älterer Bruder, Lobsang Samten, befand, der sich um ihn kümmerte. Wie der Dalai Lama später selbst bekannte, bedeutete die Trennung von seinen Eltern in so jungen Jahren eine sehr harte Zeit für ihn.

Ungefähr zwei Jahre später, als das Lösegeld bezahlt war, traf die Delegation im Oktober 1939 mit der jungen Reinkarnation in Lhasa ein. Dort wurde dem Knaben sechs Wochen darauf – als Zeichen des Eintritts ins Noviziat – vom Regenten das Haupthaar geschoren, und er bekam den Mönchsnamen Tenzin Gyatso verliehen. Am 22. Februar 1940, also nur ein Vierteljahr später, wurde er als der 14. Dalai Lama Tenzin Gyatso im Potala, der Palastburg in Lhasa, inthronisiert, wobei er sich äußerst würdevoll und gewandt verhalten haben soll.

Literatur: Gill Farrer-Halls, Die Welt des Dalai Lama. Eine Innenansicht seines Lebens, seines Volkes und seiner Visionen, Neuhausen am Rheinfall 1998, S. 68ff.; Andreas Gruschke, Dalai Lama, Kreuzlingen/München 2003, S. 19; Andreas Wolfers, Wer ist das wahre Götter Kind? Geo 2/1997.

Übermenschliche Versenkungspraktiken –
Rituelle Selbstmumifizierungen in Tibet

Die religiös motivierte Mumifikation menschlicher, aber auch tierischer Leichname durch natürliche Austrocknung oder mittels künstlicher Einbalsamierungstechniken kennt man von vielen Völkern, etwa von den Inka in Peru, vor allem aber aus dem alten ägyptischen Kulturkreis. Der Glaube der Ägypter, die Erhaltung des Körpers sei Voraussetzung für die Weiterexistenz der Seele, hat wohlgemerkt selbst in der Zeit nachgewirkt, in der die alte ägyptische Hochkultur nicht mehr bestand!

Auch in Tibet wurden die Körper hoher buddhistischer Lamas zum Segen der Nachwelt kunstvoll präpariert und ehrenvoll aufbewahrt, wenngleich aus anderen Motiven als in Ägypten. In jüngerer Zeit wurden sogar Mumien gefunden, an denen keinerlei Anzeichen von konservierenden Umwelteinflüssen, geschweige denn bewusster chemischer Manipulationen wie Räucherung, Einsalzen, Imprägnieren mit Harzen oder Überziehen mit Wachs festzustellen waren. Das Wort Mumie stammt übrigens von *mumiya*, einem Konservierungsteer.

Was bei den tibetischen Mumien, die von Mönchen in kleinen Tempeln und Schreinen aufbewahrt werden, besonders auffiel, war ihre merkwürdige Hockstellung, die auf eine geheime, nur für Fortgeschrittene gedachte Meditationsübung hinzudeuten schien. Heute ist man sich sicher, dass es sich dabei um ein besonders drastisches Beispiel tibetischer Versenkungspraktik handelt, und zwar um eine sogenannte rituelle Selbstmumifizierung. Sie grenzt ans Übermenschliche und demonstriert die Macht des menschlichen Geistes in eindrucksvoller Art und Weise, wie es der Mystik-Experte Helmut Walther in seinem Vortrag über das Geheimnis der Mystik erläutert: »Bei den Gebetsübungen wird häufig ein Gurt, genannt Gompa, verwendet, der die verschiedenen, oft schwierigen Stellungen unterstützen soll. Dieser kann nun so umgelegt werden, dass der Übende sich in eine

Hockstellung versetzt, die Knie vor der Brust, und dabei den Gurt doppelt um den Hals geschlungen sich selbst damit um die Knie umlaufend zusammenbindet. Diese teilweise Selbststrangulation bewirkt eine weitere Herabsetzung der Körperfunktionen; dabei fastet der Übende bzw. nimmt nur solche Nahrung zu sich, welche die bakterielle Darmflora in Schach hält.« Diese Prozeduren bewirken eine Austrocknung und damit eine Selbstmumifizierung des Organismus. Mithilfe dieser Praxis wird der Mumifizierte – beispielsweise in Zeiten extremer Dürre oder Belagerung durch Feinde – gleichsam zum Bodhisattva, zum Heilsbringer für seine Gemeinde. Dass man Mumien dieser Art in Tibet erst in jüngster Zeit gefunden hat, mag am zerstörerischen Werk der chinesischen Besatzer liegen. In Nepal indes trifft man noch heute auf Beispiele von selbstmumifizierten Heiligen, die verehrt und angerufen werden.

Literatur: Helmut Walther, Das Geheimnis der Mystik. Ein rationaler Blick auf ein irrationales Problem, http://helmutwalther.privat.t-online.de/mystik2.htm (abgerufen im Mai 2008). Siehe auch: Mumienkult in Tibet – Das Geheimnis der Mönche, abgelegt in Wissenschaft, Zeitgeschichte von doku am 29. Dezember 2006, http://doku.cc/2006/12/29/mumienkult-in-tibet-das-geheimnis-der-mönche.

Finstere Abkehr – Warum sich tibetische Eremiten jahrelang einmauern lassen

Neben den in Klöstern lebenden Mönchen und den Wanderlamas, die sich in der Regel auch als Exorzisten betätigen, gibt es in Tibet eine dritte Mönchsgruppe: die Eremiten. Diese ziehen sich zeitweilig in eigens für sie errichteten Einsiedlerzellen oder in mehr oder weniger abseits von ihrem Kloster gelegenen Felsgrotten von der Welt zurück – eine asketische Praktik, die bei Mönchen fast aller tibetischen Richtungen üblich ist. So gibt es in Tibet ganze Eremitenstädte, die von einzelnen Klöstern abhängen.

In einigen buddhistischen Sekten kann die Einschließung besonders ernste und harte Formen annehmen, da es sich hierbei nicht mehr um eine zeitweilige Absonderung, sondern um eine vollständige Trennung von der Welt, den totalen Abbruch aller menschlichen Beziehungen handelt. Motiviert wird die Weltflucht von dem Verlangen, besondere mystische Offenbarungen unter Zuhilfenahme geeigneter Yogatechniken zu erlangen. Der freiwilligen Einschließung gehen unter der Führung eines Meisters – entweder in der Einsiedelei selbst oder in speziellen Lehranstalten für Asketik – intensive rituelle Vorbereitungen voraus. Dazu gehört das mehrhunderttausendfache Hersagen bestimmter liturgischer Mantra-Formeln, das Zeichnen von Mandalas sowie die vollständige Verbeugung (Proskynese), bei der die Stirn als Gestus äußerster Ehrerbietung und Selbsterniedrigung die Erde berührt.

Wie eine solche – nicht nur bei Klaustrophoben reinste Horrorgefühle weckende – Einschließung konkret aussieht, lesen wir bei Giuseppe Tucci, dem wohl bedeutendsten Tibetologen des letzten Jahrhunderts: »Unfern einer Einsiedelei oder eines kleinen weltabgeschiedenen Klosters baut er (der Eremit) sich dann eine Lehmhütte oder sucht er Zuflucht in einer Felsgrotte, die ihm ein Gehen, Liegen, Sitzen ermöglicht und in einer Ecke mit einem Abtritt versehen ist. Diese Zelle wird dann vollkommen verschlossen, abgesehen von einer kleinen Öffnung, durch die ihm der ihm zugeteilte Aufwärter einmal täglich, zur Mittagszeit, Speise und Wasser reicht, ohne ein Wort dabei sprechen zu dürfen. Dies geschieht mittels einer Art drehbaren Tellerkorbs, der genau in die Öffnung hineinpasst, sodass der Diener nicht einmal die Hand des Meditierenden erblicken kann.« Sind aufgrund von Krankheit oder Tod drei Tage lang keinerlei Lebensanzeichen aus dem Inneren der Zelle zu vernehmen, holt man den die Einsiedelei betreuenden Lama zu Hilfe, der dann zumindest im Krankheitsfall die unheilvollen Ursachen zu bannen versucht. Denn dieser nahm auch an der zeremoniellen Schließung der

Zelle teil, bei der zwei bis vier Steinhaufen vor die Öffnung gewälzt, Opfergaben gespendet und ein Holztäfelchen mit der magischen Hum-Formel am Zelleneingang angebracht wurden. In der Regel dauert eine Einschließung fünf bis sieben Jahre.

In seinem Buch über die Religionen Tibets erwähnt Tucci, dass Eremiten der Nyingma-Schule, der Schule der Alten Überlieferung, noch weiter gehen: Sie lassen sich nämlich in Zellen oder Grotten einschließen, in die nicht der geringste Lichtstrahl eindringen darf, weshalb ihre Einsiedlerhöhlen auch »finstere Abkehr« heißen. »Ihre Insassen pflegen eine Sonderart des Yoga, die den Geist mit dem Licht gleichsetzt und daher darauf vertraut, das innere Licht werde aus dem ihm wesensgleichen Geist hervorbrechen, um alles mit seinem glänzenden Strahl zu erhellen.« Es soll sogar einzelne Asketen geben, die sich ohne Speis und Trank einmauern lassen, da ihrem religiösen Vertrauen das Wesen des Wassers oder das Wesen des Steins als Nahrung genügt.

Literatur: Giuseppe Tucci/Walther Heissig, Die Religionen Tibets und der Mongolei, Stuttgart/Berlin/Köln/Mainz 1970, S. 175ff.

Wie Insekten in einem Spinnennetz – Was sind tibetische Geisterfallen?

Die geistigen und kulturellen Grundlagen des tibetischen Buddhismus wurden im achten Jahrhundert vor allem von dem großen Gelehrten Padmasambhava, dem Lotosgeborenen, geschaffen. Padmasambhava war ein Zeitgenosse des tibetischen Königs Trisong Detsu (755–897) und ist eine der wenigen historisch fassbaren Gründergestalten des tibetischen Buddhismus.

Vor der Einführung des Buddhismus dominierte in Tibet die Bön-Religion, eine Naturreligion mit ausgeprägt magisch-schamanischen Praktiken, deren Einfluss bis in die Gegenwart reicht, auch wenn es, wie Mircea Eliade und sein Schüler Ioan P. Culianu betonen, nicht immer leicht ist, die frühen Bräuche, die der Buddhismus von der Bön-Religion übernommen hat, aus den neuen Strukturen herauszulösen, in die sie eingeführt worden sind.

So kennt der tibetische Buddhismus beispielsweise Exorzismus-Rituale, deren Ursprünge in der Bön-Religion zu liegen scheinen. Menschen oder Orte von Dämonen und bösen Geistern zu befreien gehörte dabei zu den wichtigsten Fähigkeiten eines Bön-Priesters – eine Aufgabe, die später buddhistische Wanderlamas übernahmen. Mithilfe von Beschwörungsformeln, Talismanen und Zauberrezepturen soll der Exorzist oder die Exorzistin mächtige Geister oder Dämonen bannen.

Eine Besonderheit stellen bei dieser Prozedur die sogenannten Geisterfallen dar, die auf Tibetisch Namkha (nam mk'a') heißen. Sie sind mit den spinnenartig geflochtenen Dreamcatchern, den Traumfängern der nordamerikanischen Indianer, vergleichbar, welche über dem Ruheort, dem Bett oder Tipi, aufgehängt werden, um den Schlaf zu verbessern. Während die bösen Träume im Netz der Traumfänger hängen bleiben und später von der Morgensonne neutralisiert werden, schlüpfen die guten Träume durch das Netz hindurch und können durch die mittlere Öffnung verschwinden.

Die tibetischen Geisterfallen bestehen aus Vogelfedern, Woll- oder Seidenfäden, aus Drähten, aber auch aus Stoff- oder Papierfransen, die zu Mustern, zuweilen einfache Fadenkreuze oder Rauten, geflochten über den Türen und Fenstern der Häuser angebracht werden. Häufig werden dafür verschiedenenfarbige Fäden verwendet, welche die fünf Elemente symbolisieren: blau = Raum, grün = Luft, rot = Feuer, weiß = Wasser, gelb = Erde.

In den Geisterfallen sollen sich die bösen Geister und Dämonen wie Insekten in einem Spinnennetz verfangen. Das eigentliche Exorzismus-Ritual besteht nun darin, dass die Geister in den Fallen anschließend zeremoniell vernichtet (meist verbrannt) oder an einem sicheren Ort gefangen gehalten werden. So bringt man die Fallen unter anderem an Wegkreuzungen an, um die Geister orientierungslos zu machen. Da die Geister nicht wissen, in welche Himmelrichtung sie entfliehen sollen, bleiben sie verstört an Ort und Stelle gefangen.

Literatur: Giuseppe Tucci/Walther Heissig, Die Religionen Tibets und der Mongolei, Stuttgart/Berlin/Köln/Mainz 1970, S. 194–202; vgl. auch: Jürgen Pitten, Die Tibetische Geisterfalle (http://www.arolo-tifar.de/htm/grundw/ falle.html); Mircea Eliade/Ioan P.Culianu, Handbuch der Religionen, unter Mitwirkung von H. S. Wieser, aus dem Französischen von Liselotte Ronte, Frankfurt a. M. 1990, S. 288.

Nechung, das wichtigste tibetische Staatsorakel

Die Praxis, ein Orakel nach Aussagen über die Zukunft zu befragen, gehört keinesfalls der Vergangenheit an. Im tibetischen Buddhismus – vorzugsweise in der Gelugpa-Schule der Tugendhaften, die von dem brillanten Gelehrten und frommen Mönch Tsongkhapa im 14. Jahrhundert gegründet wurde und zu der auch der Dalai Lama gehört – ist beispielsweise das Nechung-Orakel im gleichnamigen Kloster noch heute hoch angesehen. Der Überlieferung nach bedient sich die buddhistische Schutzgottheit Pekar, der ehemalige Schutzgeist von Samye, dem ältesten Kloster in Tibet, seit mehr als vier Jahrhunderten regelmäßig eines Mediums, meistens eines Mönches, um zukünftige Geschehnisse vorherzusagen und um der tibetischen Regierung Ratschläge zu erteilen. Der als Medium dienende Mönch, der aufgrund seiner häufigen, überaus kräftezehrenden Orakel-Trancen in der Regel nur eine geringe Lebenserwartung hat, genießt dabei höchstes Ansehen. Das Nechung-Orakel ist nach wie vor das wichtigste Staatsorakel der tibetischen Exilregierung und des Dalai Lama.

Wie man sich eine Befragung des Nechung-Orakels konkret vorzustellen hat, beschreibt Heinrich Harrer eindrücklich in seinem Buch *Sieben Jahre in Tibet*: Im Mittelpunkt des Geschehens steht ein erst 19-jähriger, aus einfachen Verhältnissen kommender Mönch, der seine außergewöhnlichen medialen Fähigkeiten aber bereits mehrfach unter Beweis zu stellen vermochte. Der Erwartungsdruck an ihn muss trotzdem ungeheuer groß gewesen sein, zumal sein Vorgänger nicht nur über die größere Erfahrung verfügte, sondern sich auch bei der Findung des Dalai Lama hervorgetan hatte. »Gerade wird der junge Mönch aus seinen Privatgemächern in die düstere Tempelhalle geführt. Er trägt einen runden Metallspiegel auf der Brust, Diener hüllen ihn in bunte Seidengewänder und geleiten ihn zu seinem Thron. Dann zieht sich alles von ihm zurück. Außer der dumpfen, beschwörenden Musik ist kein Laut zu hören. Das Medium beginnt seine Konzentration. Mehr und mehr scheint das Leben aus ihm zu weichen, jetzt ist es völlig reglos, das Gesicht eine starre Maske. Und da – wie vom Blitz getroffen, bäumt sich der Körper auf. Ein Aufatmen geht durch den Raum: Der Gott hat von ihm Besitz ergriffen. Zittern befällt das Medium, wird immer stärker, Schweiß perlt auf seiner Stirn.« Harrer bemerkt zu Recht, dass Medien aufgrund derlei physischer und mentaler Strapazen während der Séancen eines frühen Todes sterben. »Plötzlich springt das Medium auf – Diener wollen ihm helfen, er entgleitet ihnen, und zum Gewimmer der Oboen beginnt sich der junge Mönch in einem seltsamen, ekstatischen Tanz zu drehen. Sein Stöhnen und Zähneknirschen sind die einzigen menschlichen Laute im Tempel. Diener füllen seine Hände mit Gerstenkörnern – er wirft sie unter die verängstigte Menge der Zuschauer. Der Mönch ist jetzt unberechenbar.« Im weiteren Verlauf der Orakelbefragung kommen bei Harrer nicht nur Gewissensbisse, sondern auch Zweifel auf: Wird er nicht zum Störenfried eines sakralen Aktes? Ist Letzterer wirklich authentisch? Doch die Situation scheint sich zu beruhigen. Ein Kabinettsminister stellt dem Medium mehrere Fragen: nach der Besetzung einer Gouverneursstelle, der Auffindung einer hohen Inkarnation und nach Krieg oder Frieden. Bevor das Orakel unverständliche Laute von sich zu geben beginnt, müssen einige Fragen des Öfteren wiederholt werden. Obgleich Harrer das Gemurmel des Mediums nicht im Geringsten versteht, hält ein älterer, erfahrener Mönch (ein Sekretär des verstorbenen Orakels) scheinbar mühelos die Botschaften fest.

Harrers packende Schilderung der Orakel-Befragung schließt mit dem Bericht, dass das Trance-Medium am Ende zusammenbricht und von vier Mönchen bewusstlos aus der Tempelhalle getragen werden muss. Noch heutzutage wird das Nechung-Orakel zweimal pro Jahr von der tibetischen Exilregierung in Dharamsala um Rat befragt. Auch wenn das Staatsorakel nicht immer Recht behalten haben soll, spielten und spielen seine Prophezeiungen eine wichtige Rolle in der tibetischen Geschichte.

Literatur: Heinrich Harrer, Sieben Jahre in Tibet. Mein Leben am Hofe des Dalai Lama, Berlin 1966, S. 164f; Ernst Schäfer, Das Fest der weißen Schleier. Begegnungen mit Menschen, Mönchen und Magiern in Tibet, Durach 1988, S. 169ff.

Auf geflügelten Sohlen – Tibets mystische Schnellläufer

Der tibetische Buddhismus kennt eine Unzahl meditativer Übungen. Die *lung-gom*, das heißt »Beherrschung der Energieströme« genannte Praxis steht im Zusammenhang mit der Kontrolle und Beobachtung des Atemvorgangs im Yoga. Wie sich der Übende in den Praktiken der Inneren Hitze (tibetisch: *tumo*) auf das Element des Feuers im entsprechenden psychischen Zentrum oder Chakra konzentriert, um sich auch gegen die extreme Kälte zu schützen, so spielt für den Ausübenden des Lung-Gom das Element der Luft die wichtigste Rolle. Die Luft (tibetisch *lung*) symbolisiert dabei bestimmte Energieströme, die die Körperfunktionen regulieren. Unter den besonderen geografischen

Gegebenheiten Tibets wurde die Beherrschung der Energieströme unter anderem auch dazu eingesetzt, in kürzester Zeit selbst weite Strecken mühelos zu Fuß zurückzulegen.

Ernst Schäfer (1910–1992), der deutsche Zoologe und Tibetforscher, der in den dreißiger Jahren des 20. Jahrhunderts drei Expeditionen nach Tibet unternahm, machte die westlichen Leser in seinem überaus lesenswerten Buch *Das Fest der weißen Schleier* wohl als einer der Ersten auf die wundersamen tibetischen Schnellläufer, besonders trainierte Mönche, aufmerksam: »Eine weitere höchst merkwürdige Gesellschaft unter den Tantraanhängern stellen die auf sinnliche Wahrnehmungen nicht angewiesenen Lunggompas oder mystischen Schnellläufer dar, deren absolutes Orientierungsvermögen allen physikalischen Gesetzen Hohn zu sprechen scheint. Mangels geregelten Postverkehrs in den unendlichen Einöden des hochtibetischen Landes gelten sie als Überbringer wichtiger Botschaften von Kloster zu Kloster. Die Macht magischer Formeln soll sie dazu befähigen, die Schwerkraft ihrer eigenen Körper aufzuheben. In jahrelang geübter Versenkungstechnik überbrücken sie zu allen Jahreszeiten trotz Schnee und Kälte gewaltige Strecken auf ihren ›geflügelten‹ Sohlen. Ihr Atem dient ihnen als ›Pferd‹ und soll die mechanische Tätigkeit des Körpers mit dem Gleichmaß eines Pendels regeln, während der in Trancezustand versetzte Geist als Reiter angesehen wird.« Wie Schäfer anmerkt, dürfen die Lunggompas während ihres rhythmischen Dauerlaufs durch die Einöden Nordtibets jedoch niemals angesprochen werden: Eine Störung ihres Trancezustands könnte nicht nur das Schwinden ihrer übersinnlichen Kräfte, sondern auch ihren unmittelbaren Tod bewirken. Von Lunggompas heißt es außerdem, dass sie gleichsam auf »direktem Weg« ins Nirwana eingehen.

Alexandra David-Néel (1868–1969), die illustre französische Orientalistin und Tibet-Reisende, war der Ansicht, dass die tibetischen Tranceläufer aufgrund bestimmter meditativer Übungen und Atemtechniken in der Lage waren, ihr Körpergewicht wesentlich zu verringern, und dass sie in diesem Zustand weite Strecken in Rekordzeit zu bewältigen vermochten.

Vom Dach der Welt sind uns indes auch Phänomene von Levitation, also von völlig frei schwebenden Personen überliefert. In seinem Buch *Diese Mysteriösen Leute* erinnert der Psychoanalytiker und Parapsychologe Nandor Fodor an Dr. Alexander Cannons unglaublichen Bericht über seine Reiseerfahrungen in Tibet. Cannon war ein britischer Arzt und Psychiater, der vor allem als Autor des 1934 publizierten Buches *The Invisible Influence* von sich reden gemacht hat: »Darin macht er uns mit einer neuen Form der Fortbewegung bekannt: der Levitation über eine wilde Felsenschlucht von etwa zwanzig Metern Breite; zwischen den steil abfallenden Klippen rauscht in schwindelerregender Tiefe von hundert Metern ein reißender, Gischt sprühender Gletscherfluss hindurch ... ›Innerhalb weniger Stunden‹, schreibt Cannon, ›hatten wir unsere körperlich-materielle Verfassung so konditioniert, dass dieses fantastisch wundersame Transportationsphänomen durch reinen mentalen Kraftaufwand tatsächlich stattfinden konnte. Im Bruchteil eines Augenblicks landeten wir beide sicher auf der anderen Seite.‹«

Ob diese paranormalen, die Naturgesetze und üblichen Kausalitäten außer Kraft setzenden Phänomene Authentizität für sich beanspruchen können, oder ob es sich dabei lediglich um Mythen und Legenden, bestenfalls um symbolische »Veranschaulichungen« handelt, dürfte jedoch genauso schwer zu beurteilen sein wie die Echtheit neutestamentlicher Wundertaten, etwa im Bericht über Jesu müheloses Wandeln auf dem See Genezareth oder die Schilderungen von levitierenden, freischwebenden und auch fliegenden Mystikern, Schamanen und Trancemedien. 1975 wurde der Film des Münchner Produzenten Rolf Olsen *Reise ins Jenseits* uraufgeführt, der unter anderem eine mehrere Minuten währende Levitation in Obervolta (Westafrika) zeigt.

Literatur: Ernst Schäfer, Das Fest der weißen Schleier. Begegnungen mit Menschen, Mönchen und Magiern in Tibet, Durach 1988, S. 89f.; »Lung-Gom«, in: Lexikon der östlichen Weisheitslehren. Buddhismus, Hinduismus, Taoismus, Zen, Bern/München/Wien 1986, S. 222; Nandor Fodor, Diese Mysteriösen Leute, Bensheim 2004, S. 10.

Das Judentum

7. Oktober 3761 BCE, 5 Uhr 11 Minuten 20 Sekunden –
Die Erschaffung der Welt nach den Berechnungen
Rabbi Hillels II.

Kulturelle Ordnungen der Zeit – der Versuch, sie zu strukturieren, zu rhythmisieren und damit auch messen zu können, dem Flüchtigen, sich Entziehenden, schlechterdings Abstrakten eine Gestalt zu verleihen – kennt man seit Anbeginn aus nahezu allen Teilen der Welt. Viele Mythen und Religionen der Völker hängen dabei einer kosmologisch-zyklischen Zeitauffassung an, der zufolge nicht nur die Tages- und Jahreszeiten, sondern sogar ganze Erd- und Weltzeitalter irgendwann wiederkehren, sich das Gleiche ewig perpetuiert.

Das lineare Zeitverständnis ist aus menschheitsgeschichtlicher Perspektive gesehen indes wesentlich jüngeren Datums. Die Vorstellung, dass Zeit einen Anfang und irgendwann auch ein – womöglich sinnvolles, auf Entwicklung und Fortschritt beruhendes, in einen heilsgeschichtlichen Plan eingebettetes, apokalyptisches – Ende haben wird, finden wir vor allem in den großen monotheistischen Religionen Judentum, Christentum und Islam, aber ebenso in modernen geschichtsphilosophischen Entwürfen, etwa in jenen von Hegel und Marx.

Zu den komplexesten, mathematisch präzisesten und dabei bis ins Detail religiös bedingten Systemen von Zeitrechnung gehört zweifelsfrei der jüdische Kalender, der in seiner heute noch gültigen Form auf Rabbi Hillel II. bzw. Hillel Nasia zurückgeht. Der später als »Vater des jüdischen Kalenders« Bezeichnete war ein Nachkomme des aus Babylonien stammenden und in Jerusalem um das Jahr von Christi Geburt wirkenden jüdischen Gelehrten Rabbi Hillel. Der geniale Mathematiker und gelehrte Chronologe Hillel II. selbst wirkte als jüdischer Patriarch von ca. 350 bis 365 CE unter Kaiser Julian Apostata und schuf einen sogenannten Lunisolarkalender, eine raffinierte Kombination aus Mond- und Sonnenkalender, der sowohl den Mond- und Sonnenzyklus als auch die Schaltjahre berücksichtigt. Mit dieser Reform schloss Hillel II. eine offensichtlich längere Periode schwankender und im Einzelnen durchaus unsicherer Kalenderpraktiken ab.

Ins kollektive jüdische Gedächtnis hat sich Hillel II. jedoch vor allem mit seiner umstrittenen, wenngleich bis heute von gläubigen Juden akzeptierten Berechnung der Erschaffung der Welt eingeschrieben: »Im Anfang schuf Gott den Himmel und die Erde« (1. Gen 1,1). Aufgrund komplizierter Rückrechnungen fixierte er unter Berücksichtigung einer ganzen Reihe von Angaben des Alten Testaments und des Talmuds, also der religiösen Überlieferungen des nachbiblischen Judentums, die Schöpfung der Welt, genauer gesagt den göttlichen Schöpfungsakt aus dem Nichts heraus beziehungsweise aus einem zuvor existierenden Chaos (Tohuwabohu), auf Sonntag, den 6. Oktober 3761 BCE, um 23 Uhr 11 Minuten 20 Sekunden. Wegen des Tagesbeginns der Juden um 18 Uhr christlicher Zeit – »Da ward aus Abend und Morgen der erste Tag« (Gen 1,5) – ist das der 7. Oktober 3761 BCE, 5 Uhr 11 Minuten 20 Sekunden. Diese eigene Ära des Judentums, die von der Schöpfung der Welt ausgeht, gewann aber erst seit dem 11. Jahrhundert CE an praktischer Bedeutung.

Das Frappante an der wahrhaft wahnwitzig anmutenden, sekundengenauen Berechnung der Weltschöpfung Hillels II. ist die Tatsache, dass sie bis zum heutigen Tag in Gebrauch geblieben ist. Nicht nur der Staat Israel, sondern jede jüdische Gemeinde und jeder gläubige Jude rechnen nach dieser Weltära – und dies gänzlich unbeschadet der Tatsache, dass es sich um eine bloß konventionelle Annahme eines Schöpfungsdatums handelt, nicht hingegen um eine auch nur annäherungsweise richtige, wissenschaftlich untermauerte Vorstellung. Das Jahr 2008 der christlichen Zeitrechnung ist also das Jahr 5769 nach jüdischer Zeitrechnung, die mit der Erschaffung der Welt beginnt …

Doch Versuche, den exakten Zeitpunkt der vermeintlichen Schöpfung zu bestimmen, gab und gibt es auch von christlicher Seite – ungeachtet der naturwissenschaftlichen, unter anderem von Charles Darwin propagierten Evolutionstheorie. So gehen heute noch viele evangelikale und fundamentalistische Christen davon aus, dass die Erde von Gott vor wenigen tausend Jahren erschaffen wurde. Der Kurzzeitkreationismus, auch Junge-Erde-Kreationismus oder 24-Stunden-Tag-Theorie genannt, vertritt beispielsweise eine wörtliche Auslegung der Bibel und interpretiert den Schöpfungsbericht der Bibel als unumstößliche Tatsachenschilderung. Seine Anhänger beziehen sich auf den Zeitrahmen des Ussher-Lightfood-Kalenders. Dieser wurde vom englischen Erzbischof James Ussher (1581–1656) aufgrund von Lebensläufen und Stammbäumen berechnet, die in der Bibel erwähnt sind (und auf die sich auch Rabbi Hillel II. gestützt hat). Der exakte Zeitpunkt der Schöpfung ist demnach der 23. Oktober 4004 BCE, was einem Erdalter von 6000 Jahren entspricht.

Literatur: Thomas Vogtherr, Zeitrechnung. Von den Sumerern bis zur Swatch, München 2006; Klaus Mainzer, Zeit. Von der Urzeit zur Computerzeit, München 2005; Robert Levine, Eine Landkarte der Zeit. Wie Kulturen mit Zeit umgehen, München/Zürich 2007; Karl Löwith, Weltgeschichte und Heilsgeschehen. Die theologischen Voraussetzungen der Geschichtsphilosophie, Stuttgart/Weimar 2004.

Warum Gott nach kabbalistischer Auffassung zu Beginn des Weltendramas in die selbst gewählte Verbannung ging

Die metaphysische Vorstellung, dass die vorweltliche Einheit, die wir gemeinhin Gott nennen, nicht mehr existiert, dass sie sich voll und ganz zu einer Welt der Vielfalt zersplittert hat, ja, dass

Gottes Tod das Leben der Welt bedeutete, finden wir unter anderem in der abendländischen Philosophie des 19. Jahrhunderts: bei Arthur Schopenhauers wildem Sohn Philipp Mainländer (1841–1876) und bei dem Philosophen mit dem Hammer, Friedrich Nietzsche (1844–1900). Interessanterweise gab es dieses eigenwillige kosmogonische Modell aber bereits in den unorthodoxen Spekulationen der sogenannten lurianischen Kabbala. Isaak Luria – geboren 1534 in Jerusalem, gestorben 1572 in Safed in Galiläa – war einer der bedeutendsten Vertreter und Mitbegründer der Kabbala, der jüdischen Geheimlehre und Mystik, zu deren Hauptwerken das Buch Bahir und der Sohar, das Buch des Glanzes gehören. Lurias Lehren wirkten sich vor allem auf die osteuropäische Frömmigkeitsbewegung des Chassidismus aus.

Über die Lehre von der Selbstbeschränkung Gottes, durch die die Erschaffung des Universums erst ermöglicht wurde, schreibt der große Kabbala-Gelehrte Gershom Scholem resümierend in seinem Buch *Zur Kabbala und ihrer Symbolik*: »Die Idee des Zimzum, von der der Sohar nichts weiß und die, aus anderen alten Traktaten geflossen, erst bei Luria zu ihrer eigentlichen Bedeutung kommt, ist höchst erstaunlich. Sie stellt an den Anfang des Weltendramas, das aber ein Drama Gottes ist, nicht wie ältere Systeme einen Akt der Emanation oder dergleichen, sondern vielmehr einen Akt, in dem er sich selbst verschränkt, sich auf sich selbst zurückzieht und anstatt nach außen sein Wesen in eine tiefere Verborgenheit seines eigenen Selbst kontrahiert.« Was ist genau damit gemeint? Wie Scholem weiter ausführt, bedeutet dieser Akt der Selbstverschränkung und Selbstzurücknahme Gottes für Luria nicht weniger als die Voraussetzung für die Existenz des Weltprozesses: Erst durch das bewusste Zurücktreten des göttlichen Wesens, erst durch die selbst gewählte Verbannung, die tiefste Form des Exils, wird (neuer) Raum für die Schöpfung geschaffen.

Der Moment der Schöpfung stellt jedoch bereits eine Störung der Harmonie, eine Erschütterung des göttlichen Gleichgewichts dar. Im Wesen der Schöpfung selbst liegt damit auch die Wurzel alles Bösen. In seiner Schrift *Von der mystischen Gestalt der Gottheit* schreibt Gershom Scholem: »Gerade die streng theistische Tendenz dieser Kabbala sieht das Böse also als ein notwendigerweise der Schöpfung als solcher inhärentes Moment. ... Die Frage, warum Gott keine vollkommene Welt erschaffen habe, wo er doch selber die Vollkommenheit sei, würde dem Kabbalisten der lurianischen Schule absurd erscheinen. Eine vollkommene Welt kann nicht erschaffen werden, weil sie ja dann Gott selbst wäre, der sich nicht verdoppeln, sondern eben nur einschränken kann.«

Der jüdische Philosoph Hans Jonas hat diese originelle Weltschöpfungsidee 1984 in seinem Essay *Der Gottesbegriff nach Auschwitz* radikalisiert: »Um Raum zu machen für die Welt, musste der En-Sof des Anfangs, der Unendliche, sich in sich selbst zusammenziehen und so außer sich die Leere, das Nichts entstehen lassen, in dem und aus dem er die Welt schaffen konnte. ... Hierüber nun geht mein Mythos noch hinaus. Die Zusammenziehung ist total, als Ganzes hat das Unendliche, seiner Macht nach, sich ins Endliche entäußert und ihm damit überantwortet. ... Verzichtend auf seine eigene Unverletzlichkeit, erlaubte der ewige Grund der Welt, zu sein. Dieser Selbstverneinung schuldet alle Kreatur ihr Dasein und hat mit ihm empfangen, was es vom Jenseits zu empfangen gab. Nachdem er sich ganz in die werdende Welt hineingab, hat Gott nichts mehr zu geben.« Eine theologische Position, die aber immer noch Züge des Deismus trägt, denn dieser Anschauung zufolge hat Gott mit der Schöpfung den Gang der Dinge zwar initiiert, doch wird ihm ein weiteres Eingreifen in Natur und Geschichte danach abgesprochen. Auf das folgende Weltgeschehen hat er keinen Einfluss mehr. Er wird zum *Deus otiosus*, zum untätigen Gott, zum müßigen, sich selbst genügenden Gott.

Literatur: Gershom Scholem, Zur Kabbala und ihrer Symbolik, Frankfurt a. M. 1977, S. 144f.; Gershom Scholem, Von der mystischen Gestalt der Gottheit. Studien zu Grundbegriffen der Kabbala, Frankfurt a. M. 1977, S. 77ff.; Hans Jonas, Der Gottesbegriff nach Auschwitz. Eine jüdische Stimme, in: ders., Gedanken über Gott. Drei Versuche, Frankfurt a. M. 1994, S. 47f.; Richard Reschika, Philosophische Abenteurer. Elf Profile von der Renaissance bis zur Gegenwart, Tübingen 2001, S. 132.

Die Stufen der Sünde – Vom fleischlichen Verkehr mit verbotenen Frauen und vom Heiraten nach den jüdischen Vorschriften

Wie halten es orthodoxe Juden mit dem Sex? Was ist erlaubt, was noch tolerabel, was absolut verboten? Was alles ist beim Heiraten zu beachten? Leon Modena (1571–1648), der große jüdische Gelehrte, zählt in seinem 1638 in Venedig publizierten Buch über *Jüdische Riten, Sitten und Gebräuche* folgende Abstufungen der fleischlichen Sünde mit Frauen auf: »Der Verkehr mit einer verheirateten Frau (oder auch mit einer Verlobten) gilt bei den Juden als schwerste Sünde, gefolgt vom Verkehr mit einer Verwandten, wie in Leviten 20 geschrieben steht. Und die Kinder, die dabei gezeugt werden, gelten als Bastarde und werden Mamser genannt – im Talmud der aus Ehebruch und Inzest Abstammende –, die man, gemäß Deuteronomium 23, niemals ehelichen darf: ›Es soll auch kein Mischling in die Gemeinde des HERRN kommen.‹ Dann folgt der Verkehr mit einer nichtjüdischen Frau, was, wie sie sagen, Esra vorgeschrieben habe. Und dann folgt der Verkehr mit einer jüdischen Prostituierten (was unter keinen Umständen erlaubt ist und sich aus folgender Textstelle erklärt: ›Es soll keine Tempeldirne sein unter den Töchtern Israel und kein Tempelhurer unter den Söhnen Israel.‹)«

Eine Sünde begeht indes auch der Mann, der mit einer anderen als seiner eigenen Frau den Geschlechtsverkehr ausübt, selbst wenn diese keine der oben genannten Eigenschaften aufweist.

Unzucht begeht desgleichen der Mann, der ein Mädchen entjungfert, sie aber danach nicht ehelicht. Gemäß den sexuellen Vorschriften in Levitikus 18 (»Einer Frau, die wegen ihrer Regel unrein ist, darfst du dich nicht nähern, um ihre Scham zu entblößen ...«) ist es dem Mann zudem verboten, mit einer Frau zu verkehren, die gerade ihre Monatsblutung hat.

Im Abschnitt über das Heiraten weist Leon Modena darauf hin, dass jeder Jude verpflichtet sei, sich eine Frau zu nehmen. Um das alttestamentliche Gebot – »Seid fruchtbar und mehret euch und füllet die Erde ...« (Gen 1,28) – zu erfüllen, aber auch um der Unzucht nicht zu verfallen, sei jeder Jude dazu verpflichtet, Nachkommen zu zeugen, und zwar am besten im Alter zwischen achtzehn und zwanzig Jahren. Dabei wird den Männern Vielweiberei durchaus erlaubt, so wie an vielen Stellen der Schrift erwähnt. Man denke beispielsweise an Abraham, Jakob, David und Salomon. In Israel wurde die Polygamie erst 1951 offiziell verboten! Wie Leon Modena weiter festhält, sei die Vielweiberei zwar in der Levante Brauch, in Italien und in Deutschland jedoch eher unüblich. »Viele hüten sich, eine Frau zu nehmen, die bereits zwei Männer hatte, weil sie sagen, dass es eine Gattenmörderin sei, aber es handelt sich dabei nicht um eine verbotene Sünde. Das gilt nicht für den Mann (der bereits zwei Frauen hatte).«

Dass man eine Witwe erst neunzig Tage nach dem Tod ihres Ehemanns wieder heiraten sollte, hat einen ganz einfachen Grund: Nur dann weiß man, ob diese nicht vom ersten Mann schwanger ist. Die Einhaltung der genannten Frist ist ebenso bei der Ehelichung verstoßener Frauen zu berücksichtigen.

Im Großen und Ganzen wird Geschlechtsverkehr in der jüdischen Tradition – den genannten Ge- und Verboten zum Trotz – aber nicht als notwendiges Übel oder gar Sünde betrachtet, sondern als ein positives Gebot, eine durchaus gute, da gottgewollte Tat. Schließlich heißt es im Sohar, einem der wichtigsten jüdischen mystischen Texte: »Wenn ein Mann und eine Frau sich in

Liebe und Heiligkeit vereinen, ruht die göttliche Gegenwart auf dem Ehebett.«

Jehuda Aryeh, dessen Name ins Italienische übersetzt Leone (Löwe) lautet und der manchmal Leone da Modena, am häufigsten jedoch Leon Modena genannt wurde, war wegen seiner außergewöhnlichen Merkfähigkeit bereits zu Lebzeiten auch bei Gelehrten außerhalb Italiens legendär. Bekannt wurde Modena als Verfasser zahlreicher Schriften verschiedenster Literaturgattungen auf durchweg hohem rhetorischem Niveau. In seiner Lebensbeschreibung, einer der ersten jüdischen Autobiografien überhaupt, zählt er 26 Berufe auf. Ein Grund für seine vielfältigen Beschäftigungen dürfte chronischer Geldmangel gewesen sein, denn Modena war ein glückloser Spieler. »Mit seiner Spielsucht zeichnete er sich«, wie Rafael Arnold, der Herausgeber seiner Schriften, schreibt, »als typisches Kind seiner Zeit und seiner venezianischen Heimat aus.« Aufgrund seiner Freisinnigkeit und Unvoreingenommenheit, aber auch wegen seiner Uneindeutigkeit und Skepsis wurde Modena nichtsdestoweniger von Cecil Roth, dem renommierten anglo-jüdischen Historiker des 20. Jahrhunderts, als der »erste moderne Rabbiner« bezeichnet.

Literatur: Leon Modena, Jüdische Riten, Sitten und Gebräuche, Herausgegeben, übersetzt und kommentiert von Rafael Arnold, Wiesbaden 2007, S. 147ff.; Ruth Westheimer/Jonathan Mark, Himmlische Lust. Liebe und Sex in der jüdischen Kultur, aus dem Englischen von Angelika Schweikhart, Frankfurt a. M./Wien 1996.

Was sind jüdische Eintags- und Einwegengel?

Obwohl das Alte Testament reich an Geschichten mit und über Engel ist, lehnt das Judentum eine Verehrung einzelner Engel generell ab. Umso erstaunlicher daher die Tatsache, dass der Talmud, der autoritative Korpus des jüdischen, von den Schriftgelehrten zwischen dem 5. und 7. Jahrhundert verfassten Gesetzes, die Engel verstärkt in den Vordergrund des Interesses rückt. Offenbar brauchten die Juden zu dieser Zeit nicht nur stärkere Engel, sondern auch mehr als die Christen. Kurzum, es kam zu einer regelrechten jüdischen Engelinflation.

So behaupteten einige Rabbis der Talmudzeit in vollem Ernst, dass an jedem Tag neue Engel geschaffen würden, und zwar jedes Mal, wenn Gott den Mund auftäte, um zu sprechen. Dann würden diesem zusammen mit seinen Worten neue Engel entströmen. Doch damit nicht genug, wie der US-amerikanische Wissenschaftsredakteur und ehemalige Physikprofessor Charles Panati schreibt: »Andere entwickelten die Vorstellung von Einweg-Engeln: Jeden Tag würden neue Engel geschaffen, und nachdem sie Gottes Lob gesungen hätten, würden sie beim himmlischen Sonnenuntergang in einem Meer von Feuer, *nehar di-nur*, versinken.«

Im Talmud lesen wir auch, dass die Engel entweder am zweiten oder am fünften Schöpfungstag geschaffen worden seien, auf Füßen aufrecht gehen oder fliegen, die Zukunft weissagen und nur hebräisch sprechen würden. Und: Die Engel hätten Menschengestalt, bestünden jedoch zur Hälfte aus Feuer, zur Hälfte aus Wasser, was das ätherische Bild vom Dampf plausibel erscheinen lässt. »Diese neuen Generationen jüdischer Engel sind frei von bösen Neigungen, haben keine persönlichen Bedürfnisse, führen immer nur einen Auftrag auf einmal aus, können nicht auf Abwege geraten, und es gibt bestimmte Engel, die sich um Angelegenheiten wie Regen, Hagelschlag, Schwangerschaft der Frauen und Geburt kümmern«, erklärt Charles Panati weiter. Dies mag auch der Grund dafür gewesen sein, dass frühe christliche Autoren den Juden spöttisch vorwarfen, einen neuen Engelskult zu praktizieren, dem die Talmudgelehrten jedoch vehement widersprachen.

In seinem *Führer der Unschlüssigen* stellte der Rabbi und Philosoph Maimonides im 12. Jahrhundert schließlich die Vorstellung von Engeln als körperliche, geflügelte Wesen in Frage und lehrte, dieses seien lediglich göttliche Naturkräfte, die das Universum prägten und beherrschten. Eine Anschauung, denen die meisten Juden von heute – mit Ausnahme der mehr mystisch geprägten – wohl beipflichten würden.

Literatur: Charles Panati, Populäres Lexikon der religiösen Gegenstände und Gebräuche, Deutsche Fassung von Reinhard Kaiser, Frankfurt a. M. 1996, S. 79f.

Das Christentum

Sanctum praeputium – Der Kult um die heilige Vorhaut Jesu, den einzigen Körperteil des Erlösers, der nicht mit auferstanden ist

Buddhas blendend weißer Eckzahn, der abgetrennte Finger des ungläubigen Apostels Thomas, die langen Barthaare des Propheten Mohammed … Reliquien werden in fast allen Weltreligionen hoch verehrt. In der Regel handelt es sich dabei um mitunter unversehrte, keinerlei Verwesungsspuren aufweisende Körperteile von Heiligen beziehungsweise Überbleibsel – so die wörtliche Übersetzung des lateinischen Begriffs – aus dem persönlichen Besitz eines Heiligen, die in besonderen Behältnissen, nämlich in Reliquiaren, sorgfältig aufbewahrt werden. Von »sprechenden Reliquiaren« ist übrigens dann die Rede, wenn die Behältnisse in ihrer äußeren Form dem jeweiligen Körperteil nachempfunden sind, dessen Überreste sich darin befinden.

Reliquien sagt man bis zum heutigen Tag Wunder- und Heilwirkungen nach, vor allem bei der *translatio*, der Überführung heiliger Gebeine von einem Ort zum anderen. Im Christentum, besonders bei Katholiken und Orthodoxen, ist der Reliquienkult als eine der ältesten Formen der Heiligenverehrung seit dem 2. Jahrhundert bekannt und immer noch lebendig. Im Protestantismus hingegen wird die Reliquienverehrung bereits seit Martin Luther größtenteils abgelehnt, von evangelikalen Christen als unbiblisch und von Religionsgemeinschaften wie den Adventisten oder den Zeugen Jehovas sogar als schierer Götzendienst angesehen.

Der Katholizismus unterscheidet – zahlensymbolisch in guter trinitarischer Tradition stehend – insgesamt drei Reliquienklassen: Reliquien erster Klasse, das heißt alle Körperteile des Heiligen (Knochenpartikel, Haare, Fingernägel, Blut und sonstige Überreste) oder dessen Asche. In der Kirche Ss. Vincenzo e Anastasio an der Piazza Trevi in Rom werden beispielsweise papale Innereien, päpstliches Gekröse, nämlich Leber, Milz und Bauchspeicheldrüse aller Päpste beherbergt, die im Palazzo Quirinale in Rom residierten, von Sixtus V. bis Leo XIII.! Reliquien zweiter Klasse, die man auch echte Berührungsreliquien nennt, sind Gegenstände, die der Heilige zu Lebzeiten berührt hat, etwa sakrale Gewänder oder auch Foltergeräte und Waffen, durch die der christliche Märtyrer ums Leben kam. Als Reliquien dritter Klasse oder mittelbare Berührungsreliquien werden schließlich jene Gegenstände bezeichnet, die mit Reliquien erster Klasse in Berührung gekommen sind. Beispielsweise kleine Papier- oder Stoffstücke, die kurz auf die Reliquien gelegt, danach auf Heiligenbildchen geklebt und in vielen Wallfahrtsorten als Souvenirs an Pilger verkauft werden.

Unter allen christlichen Reliquien gebührt, noch vor den Apostel- und Märtyrerreliquien, den Jesus-Reliquien – Kreuz- und Passionsreliquien, Teile der Krippe Jesu, Jesu Windeln, der Stumpf einer Säule, an der Jesus gegeißelt worden sein soll, Fragmente des angeblichen Kreuzes, der Nägel, der Dornenkrone, des Brettes mit der Aufschrift »Jesus von Nazareth, König der Juden«, das Turiner Grabtuch oder der heilige Rock in Trier – selbstredend die größte Verehrung. Aber eine Reliquie der römischkatholischen Kirche nimmt eine eindeutige Sonderstellung ein: das *Sanctum praeputium*, die hochheilige Vorhaut Jesu. Denn als Symbol des Bundes, als Merkmal der Zugehörigkeit zu Jahwe oder zur israelitischen Kultgemeinde und daher als Erinnerungszeichen an die Bundesverpflichtungen und als Zeichen der Unterscheidung von anderen Völkern – David kaufte seine Frau Michal dem König, dem Stellvertreter Jahwes, für zweihundert Vorhäute der Philister ab (1. Sam 18,27)! – mussten sich alle Juden, und damit auch Jesus, rituell im Kindesalter einer Beschneidung unterziehen, wie es auch das Lukasevangelium berichtet: »Als acht Tage vorüber waren und das Kind beschnitten werden sollte, gab man ihm den Namen Jesus ...« (Lk 2,21).

Was angesichts der Unzahl vermeintlicher Jesus-Reliquien zunächst kein größeres Aufsehen erregen dürfte, entpuppt sich bei genauerer Betrachtung jedoch als etwas absolut Einmaliges, Merkwürdiges, Kurioses. Denn die hochheilige Vorhaut Jesu muss, nimmt man einen zentralen, wenn nicht sogar *den* christlichen Glaubensinhalt wirklich ernst, der einzige Körperteil gewesen sein, den Jesus zum Zeitpunkt seiner Himmelfahrt nicht mehr hatte. Jesu Vorhaut ist mithin der einzige Bestandteil seines Körpers, den er uns – wenn auch unfreiwillig – auf Erden zurückgelassen hat! Von dem Gedanken ausgehend, dass bei der Beschneidung Jesu im Tempel dessen Vorhaut übrig geblieben ist (was eher unwahrscheinlich ist, da nach jüdischem Beschneidungsritus diese nicht aufbewahrt, geschweige denn als Reliquie verehrt wird, denn Juden verehren keine Reliquien), behaupten seit dem Mittelalter gleich mehrere europäische Kirchen, im Besitz dieser kostbaren, angeblich Wunder- und Heilkraft entfaltenden Reliquie zu sein: unter anderem die Lateranbasilika in Rom (der Stadt mit den meisten Reliquien), die Abtei von Charroux, die Abteikirche von Coulombs in der Diözese von Chartres, Santiago de Compostela, Antwerpen sowie das Kloster Andechs in Bayern.

Um die Jesus-Reliquie ranken sich viele wundersame Geschichten und Legenden: So soll kein Geringerer als Karl der Große anlässlich seiner Kaiserkrönung im Jahre 800 in Rom die Reliquie der heiligen Vorhaut Papst Leo III. persönlich zum Geschenk gemacht haben. Karl der Große wiederum soll sie von einem Engel oder von der Kaiserin Irene von Byzanz erhalten haben. Zusammen mit anderen wichtigen Reliquien wurde die heilige Vorhaut in der Kapelle Sancta Sanctorium im Lateran aufbewahrt. Sie soll später beim Sacco di Roma von einem deutschen Söldner gestohlen worden sein, der auf dem Rückzug nördlich von Rom von Graf Anguillara verhaftet und in der Burg von Calcata eingesperrt wurde. Doch der Soldat soll die heilige Vorhaut in seiner Zelle versteckt haben, wo sie erst dreißig Jahre später wiedergefunden und seither in der Pfarrkirche des Ortes aufbewahrt wurde. Papst Sixtus V. erkannte 1584 die heilige Vorhaut als Reliquie indirekt an, indem er einen Ablass für Pilger nach Calcata bot. An diesem Ort wurde die Reliquie bei Prozessionen öffentlich gezeigt, bis sie im Jahr 1983 unter bis heute ungeklärten Umständen verschwand. Auch der 1997 unternommene Versuch des britischen Fernsehjournalisten Miles Kington, die Reliquie zu finden, blieb erfolglos.

Auch die Abteikirche in Charroux bei Vienne erhebt den Anspruch, im Besitz der heiligen, von Karl dem Großen überbrachten Reliquie zu sein, obgleich Papst Innozenz III. deren Authentizität nicht anerkennen wollte. Eine Vorhaut-Reliquie tauchte dann 1112 in Antwerpen auf, wo nach einem feierlichen Einzug in die Frauenkirche der Bischof von Cambrai drei Blutstropfen von ihr habe fallen sehen. Mit einer eigenen Kapelle geehrt, blieb diese Reliquie in Antwerpen, bis sie beim Bildersturm 1566 verschwand. Im 14. Jahrhundert wurde in Rom die Existenz einer weiteren heiligen Vorhaut bekannt, für deren Echtheit sich die heilige Birgitta verbürgte. Und 1421 bat Katharina von Valois ihren Mann, König Heinrich V. von England, ihr die heilige Vorhaut zu besorgen, da ihr süßer Duft eine gute Geburt garantieren würde. Sie wurde in der Abteikirche von Coulombs niedergelegt. Dass Reliquien generell im Ruf der Heiligkeit standen und dass ihnen auch im eigentlichen, konkreten Sinne Wohlgerüche entströmten, ist eine in der Geschichte des Christentums weitverbreitete Vorstellung.

Seit dem Mittelalter wurden jedoch auch Stimmen laut, die das Vorhandensein der Vorhaut-Reliquie Jesu in Abrede stellten. Folgt man den Darstellungen von G. W. Foote & J. M. Wheeler in ihrem Buch *Crimes of Christianiy* (1887), soll der griechische Gelehrte und Kurator der Vatikanischen Bibliothek, Leo Allatius (gest. 1661), in einer Schrift *De Praeputio Domini Nostri Jesu Christi Diatriba* (»Vortrag über die Vorhaut unseres Herrn Jesus Christus«) spekuliert haben, dass die heilige Vorhaut mit Jesus zum Himmel emporstieg und sich in die Saturnringe verwandelte. Letztere sind allerdings erst im Jahr 1610 mithilfe eines Teleskops entdeckt worden. Und Anastasius Sinaita, Kirchenlehrer und Heiliger (ca. 640–700) berichtet in seinen *Quaestiones et Responsiones*, dass Jesus seine Vorhaut gar selbst an einem geheimen Ort aufbewahrt habe, um sie bei der Auferstehung bei der Hand zu haben: »Auf alle Fälle aber hat Er, der sich freiwillig beschneiden ließ, das Praeputium aufbewahrt, damit Er es bei seiner Auferstehung wieder annehmen konnte, damit Er einen unverwesten und vollständigen Körper ohne jeden Fehler besäße.« In demselben Sinne lehrte auch Theophylakt (um 1150) in Cap. II, Lucae: »Es scheint, dass Er diese Partikel unversehrt aufbewahrt und sie bei der Auferstehung wieder angenommen hat, damit er nicht ohne diese Partikel befunden würde.«

Durch das Zweite Vatikanische Konzil wurde 1962 der seit dem Spätmittelalter am 1. Januar, acht Tage nach Jesu Geburt, gefeierte Festtag zum Gedenken an die Beschneidung des Herrn, in circumcisione domini (selbst Bach besingt diese im vierten Teil seines Weihnachtsoratoriums!), schließlich abgeschafft.

Die Tatsache, dass Christus in der Kunst, vor allem im Mittelalter, nie vollkommen nackt, sondern meistens mit einem Lendentuch dargestellt wurde, könnte auch mit dem Problem seiner Beschneidung zusammenhängen, und weniger mit Prüderie: »Nach Meinung vieler Kunsthistoriker ist der Grund hierfür nicht so sehr die Zurückhaltung des Mittelalters, mit der es ohnehin nicht weit her war, als vielmehr die Tatsache, dass Jesus Christus als Jude beschnitten hätte dargestellt werden müssen. Alle europäischen Christenmänner waren jedoch unbeschnitten. Ein Jesus ohne Vorhaut wäre eine unliebsame Erinnerung daran gewesen, dass der Gott, zu dem sie beteten, Jude war – Angehöriger eben jenes Volkes, dem die Christen nun die Gefangennahme und den Tod Christi zur Last legten«, erklärt Charles Panati im *Populäre(n) Lexikon der religiösen Gegenstände und Gebräuche.*

Wie dem auch sei – an der Vorhaut Jesu entzündeten sich die wildesten Fantasien. Der hochheiligen Vorhaut-Reliquie in der Abteikirche zu Chartres wurden Tausende wundersame Schwangerschaften nachgesagt. Und, um noch eine allerletzte Geschichte anzuführen: Die heilige Katharina von Siena (1347–1380), eine der meistverehrten Heiligen Italiens, ging sogar so weit, zu behaupten, der Herr habe ihr einen Verlobungsring geschenkt, der aus seiner Vorhaut bestand. Sie sei seit der Beschneidung an einem geheimen Ort aufbewahrt worden, den nur der Herr selbst kannte. Die Vorhaut des Herrn um den Ringfingerknochen der heiligen Katharina – wahrlich ein schwer zu überbietendes Paradebeispiel unfreiwilliger heiliger Obszönität.

Als die heilige Katharina starb, schnitt man ihr den mit der Vorhaut bewehrten Finger ab. Schließlich konnte man die heilige Vorhaut doch nicht im Grab verrotten lassen! In der Basilika San Domenico in Siena werden in einem Marmor-Ziborium ein in Silber gefasster Finger und der Kopf der Heiligen aufbewahrt, die zu ihren Lebzeiten verehrt wurde, weil sie sich dreimal am Tag selbst blutig geißelte, einmal für ihre eigenen Sünden, einmal für die Sünden der Lebenden und einmal für die Sünden der Toten.

Literatur: Otto Clemens, Eine seltsame Christusreliquie, in: Archiv für Kulturgeschichte 7 (1909), S. 137–144; Alphons Victor Müller, Die hochheilige Vorhaut Christi im Kult und in der Theologie der Papstkirche, Berlin 1907; Marc Shell, The Holy Foreskin or Money, Relics, and Judeo-Christianity, in: Jonathan Boyarin/Daniel Boyarin (Hg.), Jews and Other Differences: The New Jewish Cultural Studies, Minneapolis 1997; Barbara B. Walker, Das geheime Wissen der Frauen. Ein Lexikon, Herausgeberin der deutschen Übersetzung Dagmar Kreye, Frankfurt a. M. 1993, S. 69 und 868.

Ein lebendes Denkmal – Warum Simeon Stylites der Ältere 37 Jahre auf dem Kapitell einer Säule verbrachte

Selbstkasteiungen im Sinne freiwillig sich selbst auferlegter Entbehrungen und körperlicher Pein zu Bußzwecken kennt man aus vielen Religionen. Hinduistische Sadhus, indische Heilige und Mönche, die der Welt entsagt haben, verschreiben sich noch heute einem teilweise streng asketischen, völlig bedürfnislosen, sexuell enthaltsamen Dasein. Nicht wenige Sadhus (Sanskrit: Guter) leben in völliger Nacktheit. Neben den Sadhus, die sich der spirituellen Entwicklung widmen, gibt es aber auch einige, die sich »verrückt« gebärden, um ihre völlige Unabhängigkeit zu demonstrieren oder bizarre Formen der Selbstquälung ausüben. Als »weltrekordverdächtig« können beispielsweise »17 Jahre stehen« oder »einen Arm 25 Jahre in die Luft halten« gelten. Desgleichen sind Fälle dokumentiert, in denen sich Sadhus meterlange, spiralförmig gekrümmte Fingernägel wachsen lassen, die sich zuweilen sogar durch die eigenen Handflächen bohren.

Doch auch aus dem Frühchristentum, etwa von den Wüstenvätern, sind beeindruckend-skurrile Askeseleistungen überliefert. »Nach Meinung des heiligen Hieronymus musste ein Christ jeden Vorgang oder jede Erfahrung als giftig betrachten, bei dem es auch nur den kleinsten Hinweis auf sinnliche Lust gab. Schmerz war allerdings erlaubt und wurde im Christentum sogar gefördert. ... Die Kirchenväter ermutigten die Gläubigen fortwährend zur Askese. ... Die von den Kirchenvätern verbreiteten moralischen Erzählungen konzentrierten sich auf die Ablehnung der Sexualität und die willige Annahme eines schmerzvollen Martyriums«, schreibt Barbara G. Walker in ihrem Buch über *Das geheime Wissen der Frauen*.

Eine besonders extreme Form der Selbstkasteiung stellt das Eremitenleben auf einer hohen Säule dar. Motive dafür waren unter anderem Ortsbindung und zugleich Unbehaustheit sowie Schutzlosigkeit, Getrenntsein vom Menschengedränge und zugleich Nähe zum Himmel. Als Begründer und berühmtester Vertreter des sogenannten Stylitentums, also des Säulenstehens – *stylos* bedeutet im Griechischen »Säule« –, gilt der heilige Simeon (Symeon) Stylites der Ältere. Geboren um 390 in Kilikien in Kleinasien als Sohn christlicher Eltern, wurde Simeon zunächst Hirte, was ihn später zum Patron der Hirten werden ließ. Im Alter von 13 Jahren schloss er sich einer Mönchsgemeinschaft an und trat in das Kloster von Eusebona bei Teleda ein. Die Mönche vertrieben ihn jedoch bald wegen seiner extremen Selbstkasteiungen und Simeon wurde Einsiedler in der Nähe von Antiochia. Während der Fastenzeit ließ er sich ohne jegliche Nahrung einmauern. Es wird auch berichtet, er habe sich mit einer Kette für drei Jahre an einen Felsen in der Nähe von Aleppo, vierzig Kilometer von Kalat Seman entfernt, schmieden lassen, woraufhin riesige Menschenmengen kamen, ihn zu sehen, ihn zu berühren und ein kleines Stück seines Gewandes mitzunehmen.

Um sich vor dem Andrang und den ihn ständig belästigenden Gaffern zu schützen, stieg Simeon schließlich auf eine Säule in Kalat Seman. Die erste war einen Meter hoch, dann, im Jahre 422, wechselte er auf eine rund zwanzig Meter hohe Säule. Auf der oben angebrachten Plattform stand und betete er 37 Jahre bis zu seinem Tod am 25. Juli 459. Er stand immer aufrecht, an wichtigen Festtagen hielt er die Arme den ganzen Tag über ekstatisch zum Himmel erhoben. Zweimal am Tag predigte Simeon zu der Menschenmenge, die sich regelmäßig unter seiner Säule versammelte. In der übrigen Zeit nahm er sich der Sorgen und Nöte der Menschen an, die zu ihm kamen und ihn um Rat und Hilfe baten. Frauen konnten ihre Anliegen durch Vermittler an ihn richten. Mitunter soll er sich einer sehr derben Sprache bedient haben. Heiden kamen zu ihm, um sich taufen zu lassen.

Die teilweise noch erhaltenen Schriften, die Simeons Namen tragen, hatte er, der selbst des Schreibens unkundig war, Vertrauten diktiert. In diesen Texten, aber auch in seinen Predigten, nahm Simeon zu allen wichtigen Kirchenfragen Stellung, so auch zum Konzil von Chalkedon (451), dem er bedeutende Impulse gab. Viele Persönlichkeiten aller Kirchen, aber auch weltliche Herrscher suchten den Rat des Säulenheiligen. Theodoretos von Kyros, der Simeon persönlich kannte und eine erste Vita verfasste, berichtet: »Nicht nur die Bewohner unseres Landes drängten sich dort zusammen. … Denn so berühmt soll der Mann in dem großen Rom sein, dass man in allen Vorräumen von Werkstätten kleine Bilder von ihm aufgestellt hat als Phylakterien.« Im buchstäblichen Sinne des Wortes soll von Simeon Stylites auch ein Geruch der Heiligkeit ausgegangen sein. Denn »in mehr als einer Quelle lesen wir«, so Herbert Thurston, »dass sein Vorzugsjünger Antonius, als er von ihm keine Antwort erhielt, auf die Plattform der Säule hinaufkletterte und dort den Leichnam des Heiligen entdeckte, der ›einen Wohlgeruch wie von vielen Würzen ausstrahlte‹.«

Der Leichnam Simeons wurde mehrere Tage lang auf der Säule aufgebahrt, dann zunächst am Fuß der Säule bestattet. Hunderttausende strömten herbei, um ihm die letzte Ehre zu erweisen. Reliquien von Simeon werden bis heute in verschiedenen Städten im Osten und im Westen verehrt. Der Kirchenkomplex, der nach seinem Tod entstand, war jahrhundertelang sogar die bedeutendste Wallfahrtsstätte Syriens. Und die beeindruckenden Ruinen der riesigen Kirchen- und Klosteranlage in Kalat Seman gehören bis heute – mitten in einer unberührten Landschaft – zu den Hauptsehenswürdigkeiten des Landes. Zu bestaunen sind Teile der Kathedrale, des Baptisteriums und des Klosters, die als Höhepunkt christlicher Baukunst des Ostens gelten. Auch der Stumpf der Simeonssäule ist noch zu sehen.

In der bildenden Kunst wird Simeon Stylites immer auf einer Säule stehend dargestellt, manchmal zusammen mit Simeon Stylites dem Jüngeren (521–592), einem seiner Nachfolger, der insgesamt 45 Jahre auf seiner Säule verbrachte und damit einen neuen Rekord aufstellte, genauer gesagt erstand. Andere eremitische Asketen des orientalischen Mönchtums wählten statt Säulen Felsspitzen oder Mauern als Standort. Asketen, die sich auf Bäumen aufhielten, nannte man »Dendriten« (von griechisch *dendron*, Baum).

Der Eremit auf der Säule inspirierte selbst Romanciers wie Anatole France, einen eingefleischten Skeptiker, zu literarischen Werken. Der französische Nobelpreisträger von 1921 lässt in seinem in der Spätantike, einer Epoche des Umbruchs, spielenden Roman *Thais* (1890) den ägyptischen Wüstenasketen Paphnucius, der die furiose schöne Thais zu bekehren versucht, zum Säulenheiligen werden: »Paphnucius erkannte in ihr die Säule wieder, die er in seinem Traume gesehen, und schätzte ihre Höhe auf zweiunddreißig Ellen. Er begab sich in das nächstliegende Dorf, ließ dort eine Leiter von dieser Höhe zimmern, stieg, als dieselbe an die Säule angelegt worden war, hinauf, kniete auf dem Kapitäl nieder und sprach zum Herrn: ›Dies ist also die Wohnung, die du, mein Gott, mir auserwählt hast. Möge ich bis zur Stunde meines Todes in deiner Gnade hier verweilen!‹ … Das Kapitäl war nicht breit genug, dass der Mönch sich darauf in ganzer Länge hinstrecken konnte; er musste daher mit gekreuzten Beinen und den Kopf auf die Brust gesenkt schlafen. So wurde ihm der Schlaf zu einer grausameren Plage als das Wachen. Im Morgenrot streiften ihn die Sperber mit den Flügeln und er erwachte voll Angst und Schrecken.«

Literatur: »Symeon Stylites d. Ä.«, in: Lexikon für Theologie und Kirche, Neunter Band, Freiburg/Basel/Wien 2000, Sp. 595; Simeon (Symeon) Stylites der Ältere, in: Vera Schauber/Hanns Michael Schindler, Bildlexikon der Heiligen, Seligen und Namenspatrone, München 1999, S. 382; Simeon Stylites der Ältere, in: Vera Schauber, Hanns Michael Schindler, Heilige und Namenspatrone im Jahreslauf, München 1992, S. 664; Herbert Thurston S. J., Die körperlichen Begleiterscheinungen der Mystik, Herausgegeben von Joseph H. Crehan S. J., Mit einem Vorwort von Gebhard Frei, aus dem Englischen von Clemens Müller, Luzern 1956, S. 272; Anatole France, Thais, Deutsch von Felix Vogt, München 1919, S. 174f.

Akrobaten des Himmels – Wie viele Engel können auf einer Nadelspitze tanzen?

»Wie viel Engel sitzen können
Auf der Spitze einer Nadel
Wolle dem dein Denken gönnen,
Leser sonder Furcht und Tadel!

›Alle!‹ Wird's dein Hirn durchblitzen.
›Denn die Engel sind doch Geister!
Und ein ob auch noch so feister
Geist bedarf schier nichts zum Sitzen.‹

Ich hingegen stell den Satz auf:
Keiner! Denn die nie Erspähten
Können einzig nehmen Platz auf
Geistlichen Lokalitäten.«

Christian Morgensterns »Scholastikerproblem« betiteltes Scherz-gedicht aus seinen *Galgenliedern* hat durchaus einen ernsthaften theologisch-philosophischen Hintergrund. Denn für die wissens-durstigen mittelalterlichen Scholastiker um Thomas von Aquin (um 1225–1274) stellte die Frage »Wie viele Engel haben auf einer Nadelspitze Platz?« beziehungsweise »Wie viele Engel können auf einer Nadelspitze tanzen?« – heutzutage geradezu ein Musterbei-spiel für eine überflüssige Diskussion und sinnlose Haarspalterei – ein schwerwiegendes, die Gemüter stark bewegendes Problem dar. Genauso wie die Frage, wie viele Engel von der Decke des Brautzimmers in der Camera degli Sposi im Herzogspalast in Mantua den jungen Eheleuten bei ihrem vergnüglichen Tun zuschauen konnten …

Die im wahrsten Sinn des Wortes auf die Spitze getriebene Frage nach den akrobatischen Engeln auf der Nadel kreist im Kern um die Geistnatur beziehungsweise Leiblichkeit der Engel.

Besitzen Engel, jene Wesen, die zwischen der Welt des Göttlichen und der profanen Welt der Menschen vermitteln, überhaupt einen Körper? Und wenn ja, ist er ätherisch, substanziell oder unsichtbar? Fragen, die an den Anfang eines weiteren Gedichts von Christian Morgenstern erinnern: »Kann ein Engel Berge steigen? / Nein. Er ist zu leicht dazu.« Der christlichen Tradition zufolge sind Engel von Gott geschaffene personale Wesen, deren Geistigkeit nicht wie beim Menschen an einen irdischen Leib gekoppelt ist.

Doch bevor sich unter dem Einfluss von Thomas von Aquin die Lehre von der reinen Geistnatur der Engel durchsetzte, herrschte allgemein die Ansicht, dass die Engel aus spiritueller Materie bestünden, dass sie zwar körperlos und immateriell, aber zumindest im Vergleich zu Gott dicht und stofflich seien. Fulentius von Ruspe (467–533), Bischof im damals wandalischen Nordafrika, meinte beispielsweise, dass die Leiber der guten Engel aus Feuer, die der bösen hingegen aus Luft bestünden. Auch das II. Konzil von Nicäa (787) schrieb den Engeln eine besondere Form von Körperlichkeit zu, nämlich eine Art Ätherleib, eine transparente und lichtvolle, leuchtende Hülle, wie man sie auch von den Darstellungen der bildenden Kunst her kennt. Nach traditioneller Ansicht können Engel von den Menschen allerdings nur intuitiv, auf geistige Art wahrgenommen werden, die sich aber in psychischen und sinnlichen Bildern manifestiert.

Es war also Thomas von Aquin, der der Jahrhunderte währenden hitzigen Diskussion um die Leiblichkeit der Engel ein Ende bereitete. Es heißt, findige Theologiestudenten hätten ihm die berühmte Frage nach den Engeln auf der Nadelspitze im Rahmen der im Hochmittelalter gebräuchlichen akademischen Übung gestellt, den Magistri der Universität mit ganz beliebigen Fragen zu kommen (*quaestiones quodlibetalis*, kurz auch *quodlibeta* genannt), die diese vor dem gelehrten Publikum zu beantworten hatten. Thomas von Aquin habe sie jedoch nicht beantwortet, da sie ohnehin sinnlos war. Wie auch immer, der Doctor angelicus begnügte sich nicht mit einer einfachen und schroffen Ablehnung. Vielmehr legte er in seiner *Summa Theologiae* auf vielen Seiten seine Engellehre dar. Er behauptete, dass die Engel reiner Geist seien, ohne jede Beimischung von Materie, eine Lehre, die unter den christlichen Theologen seither Gemeingut geworden ist. Da nach Thomas von Aquin die Materie bei den irdischen Lebewesen erst die Aufteilung der jeweiligen Art in Individuen erlaubt, ergibt sich für den Scholastiker aus der Materielosigkeit der Engel, dass jeder von ihnen eine Art für sich ist. Desgleichen schließt er daraus auf die Unvergänglichkeit der Engel: »Man muss notwendig sagen, dass die Engel ihrer Natur nach unvergänglich sind. Der Grund dafür ist folgender. Nichts wird zerstört außer dadurch, dass dessen Form vom Stoff getrennt wird. Da also der Engel eine in sich gegründete Form ist, ist es unmöglich, dass sein Wesen vergänglich sei« (*Summa Theologiae*, 1. Teil, 50. Frage, Von dem Wesen der Engel überhaupt, 5. Artikel, Sind die Engel unvergänglich?).

Die biblischen Angaben über das Essen der Engel, etwa im Bericht vom Besuch der drei Männer bei Abraham oder in der Erzählung von Raphael, werden im Übrigen meist dahingehend interpretiert, dass sie nur zum Schein aßen, um nicht als verkleidete Engel erkennbar zu sein.

In jüngerer Zeit hat Robert Gernhardt (1937–2006), der in Deutschland heute neben Goethe meistzitierte Dichter, über die spitzfindige Debatte der mittelalterlichen Theologen einen »historischen« Bericht verfasst. Er trägt den Titel *Frankreich* und findet sich in seinem Buch *Die Blusen des Böhmen*. Darin lädt der Dekan der Pariser Universität im Jahre 1289, am ersten Sonntag nach Trinitatis, drei Theologen in die Aula ein, um den leidigen Streit der Scholastiker, wie viele Engel denn auf einer Nadelspitze Platz hätten, ein für alle Mal zu beenden. Le Varlin, Vertreter der ersten Gruppe, meint mit dem Verweis auf die ätherische Beschaffenheit dieser Wesenheiten, dass es kein einziger Engel sei. Grandgouche, der Vertreter der zweiten Partei, ist indes der festen Überzeugung, dass es genau 150 Engel sein müssten, und beruft sich dabei auf die Schriften Thomas von Aquins. Schließlich behauptet Batteux, der Verfechter des dritten Standpunktes, es könnten unzählig viele dieser immateriellen Geschöpfe auf einer Nadelspitze Platz nehmen. Nach Anhörung der drei Meinungen holt der Dekan eine Nadel aus seiner Tasche heraus, um sie mit dem stumpfen Ende in die Tischplatte zu stecken: »Darauf faltete er seine Hände, und nach kurzer Zeit kamen einige Engel in den Raum geschwebt. Sie kreisten eine Weile über der Nadel, dann setzte sich erst einer darauf, nach einigem Zögern ein zweiter, schließlich ein dritter. Ein vierter Engel versuchte es, er rutschte aus und fiel auf den Tisch. Er versuchte es ein zweites Mal, wieder misslang es, die Nadel bot keinen weiteren Platz mehr: Die Engel blieben eine Weile, dann verließen sie lautlos die Aula.« Für den Dekan ist dies der Beweis dafür, dass exakt drei Engel auf einer Nadelspitze Platz haben. Doch die Sprecher der drei im Streit liegenden Parteien vermag diese Demonstration wenig zu überzeugen, im Gegenteil. Alle drei sind plötzlich einhellig der Meinung, dass es sich bei diesem Experiment überhaupt nicht um Engel gehandelt habe: »Und da sie sich das erste Mal in ihrem Leben einig waren, marschierten sie schnurstracks zum Großinquisitor, dem der Dekan schon lange ein Dorn im Auge war. Am zweiten Sonntag nach Trinitatis sah man denn auch den schönsten Scheiterhaufen, der je vor Notre Dame gebrannt hatte«, beschließt Gernhardt seinen satirischen Ausflug in die abstruse Welt der Scholastik.

Spätestens seit der Aufklärung avancierte die Frage nach den Engeln auf der Nadelspitze zu einem Paradebeispiel absurder Gedankenspielerei. So konnte sich Justus Freiherr von Liebig (1803–1873), Begründer des Laborunterrichts und Entdecker des Chloroforms sowie anderer Stoffe, richtig empören, wenn er sich vorstellte, wie sehr das finstere Mittelalter den Fortschritt blockiert hatte. In seinen *Chemischen Briefen* von 1844, einer Aufklärungsschrift für ein breites Publikum, ließ er seinem Unmut freien Lauf: »Männer von anerkanntem Ruf und Gelehrsamkeit schrieben Bücher und Traktate über Gewitter und über Blutregen, worin von allem andern, nur nicht von der Erklärung dieser Naturerscheinung die Rede war.« Liebig beklagt, dass sie sich stattdessen bemühten herauszufinden, »welches Alter und Kleid der Engel hatte, welcher der heiligen Jungfrau die himmlische Botschaft ausrichtete, ob es im Paradies auch Exkremente gegeben habe, ob die Engel griechisch oder hebräisch sprechen oder wie viel tausend Engel auf einer Nadelspitze Platz hätten, ohne sich zu drängen«. Für den Naturwissenschaftler waren dies Fragen und Untersuchungen, »welche in unserer Zeit als gültige Beweise von Verstandesverwirrung und Narrheit angesehen werden würden«.

Ähnlich verrückt und grotesk klingende Fragen wie jene nach den Engeln auf der Nadelspitze veranlassten im 20. Jahrhundert den Psychoanalytiker Theodor Reik (1888–1969), einen prominenten Schüler von Sigmund Freud, zu der These, dass es zwischen religiösen Gedankengebäuden und den Zwangsideen psychiatrischer Patienten frappante Ähnlichkeiten gebe. In seiner 1927 veröffentlichten Studie *Dogma und Zwangsidee* erschien Reik die Frage nach den Engeln auf der Nadelspitze geradezu als ein Musterbeispiel an realitätsfremder Absurdität.

Den Engeln auf der Nadelspitze begegnet man sogar in den Schriften von Marx und Engels, wie Josef Dirnbeck herausgefunden hat: »In einem Kommentar für eine englische Zeitung kritisierte Karl Marx einmal gewisse Vorschläge, die William Ewart Gladstone gemacht hatte (*The People's Paper* vom 16. April 1853). Marx warf dem britischen Politiker ›Finanzgaukelei‹ und ›abscheuliche Börsenscholastik‹ vor und zitierte genüsslich einen Ausspruch von Benjamin Disraeli, der gesagt hatte, die Vorschläge Gladstones – seines politischen Gegenspielers – würden ihn an die feinsinnigen Erörterungen erinnern, wie viele Engel auf einer Nadelspitze tanzen können.«

Einen festen Platz haben Engel, wenn schon nicht auf der Nadelspitze, so doch im Bewusstsein der Menschen bis heute. Wir sind von Engeln geradezu umgeben, und das nicht nur zur Weihnachtszeit, auch wenn sich die Perspektiven geändert haben mögen. In Wim Wenders Film *Der Himmel über Berlin* möchte der Engel Daniel kein Engel mehr sein. Er möchte Mensch werden, Liebe erfahren, möchte wissen, »was ... kein ... Engel ... weiß«.

Literatur: Thomas von Aquin, Summa Theologiae, 1. Teil, Die Engelwelt, Internet: www.himmelsboten.de/Engel/KirchL/StThom/Sumtheol.htm; Robert Gernhardt, Frankreich, in: Die Blusen des Böhmem, in: F. W. Bernstein/Robert Gernhardt/Friedrich Karl Waechter, DIE DREI. Die Wahrheit über Arnold Hau/Besternte Ernte/Die Blusen des Böhmen, Frankfurt a. M. 2006, S. 21; Heinrich Krau, Kleines Lexikon der Engel. Von Ariel bis Zebaoth, München 2001; Josef Dirnbeck, Das Buch von den Engeln. Von wunderbaren Mächten, die uns schützen und leiten, München 2007; Uwe Wolff (Hg.), Das Große Buch der Engel, Freiburg/Basel/Wien 1995; Ditte und Giovanni Bandini, Das Buch der Engel, München 2005, S. 216.

Rätselhafte schwarze Madonna –
Mächtige Wundertäterin und Glücksbringerin

Tschenstochau, Chartres, Tarragona, Montserrat, Guadalupe, Altötting, Einsiedeln, Mariazell: An verschiedenen Orten Europas, vor allem in Deutschland, Frankreich, Italien und Spanien, aber auch in Mittel- und Südamerika finden sich in der religiösen Kunst, spätestens seit der Romanik, sogenannte schwarze Madonnen, die auf viele Menschen eine ungebrochen große Faszinationskraft ausüben.

Es gibt schätzungsweise heute in der gesamten Welt etwa 450 Statuen von schwarzen Madonnen, wobei diejenigen in Afrika nicht mitgezählt sind. In Mayfield (Sussex) existiert sogar eine nackte schwarze Madonna, sie zählt zu den 13 berühmtesten schwarzen Madonnen weltweit. Eine der am weitesten verbreiteten Darstellungen einer schwarzen Madonna dürfte jene von

Loreto, dem italienischen Wallfahrtsort nahe der adriatischen Küste sein, die in zahlreichen Kapellen nachgeahmt wurde.

Schwarze Madonnen sind Bilder oder Statuen der Mutter Jesu, deren Gesicht seltsamerweise schwarz ist. Und dies aufgrund einer schwarzen Bemalung beziehungsweise der bewussten Verwendung von schwarzem Holz oder Stein und nicht – wie man lange Zeit fälschlicherweise glaubte – aufgrund allgemeiner Alterungsprozesse, einer Oxidierung der Farbe oder einer Verrußung durch das Anzünden von Kerzen vor den Andachtsbildern. Trotzdem existieren bis heute keine gesicherten Forschungsergebnisse über dieses erstaunliche Phänomen. Deshalb muss man sich mit Mutmaßungen zufriedengeben.

Eine plausible Hypothese begründet die schwarze Gesichtsfarbe Marias aus der Bibel, mit Verweis auf das Hohelied: »Ich bin schwarz, aber schön.« Eine andere, gleichfalls nachvollziehbare Hypothese führt die Darstellung der christlichen schwarzen Madonnen auf die jahrtausendealte Tradition der schwarzen Göttin zurück, wie man sie aus vielen heidnischen Kulturen kennt: auf antike Fruchtbarkeits-, Mutter- und Erdgöttinnen, die in manchen Fällen nachweislich schwarz dargestellt wurden, etwa die Dunkelmond-Hekate: Es ist durchaus möglich, dass Maria in Ephesus gelebt hat, wo griechische Künstler die Mondgöttin Artemis häufig schwarz darstellten. Desgleichen ist die Annahme, dass sich der Marienkult aus dem römischen Dianakult entwickelt hat, plausibel, denn auch die römischen Künstler malten ihre Jagdgöttin nachweislich schwarz. Die ersten Verehrer der Muttergottes könnten geglaubt haben, eine schwarzgesichtige Madonna wäre, ähnlich den mächtigen schwarzen Wundertäterinnen, Glück verheißender.

Neben heidnischen Einflüssen nimmt man heute, wie der Historiker Jacques Huynen in seinem Buch *L'Enigme des Vierges Noires* aus dem Jahr 1972, auch den Einfluss alchemistischer Vorstellungen auf die Praxis der schwarzen Madonnenverehrung an: Man denke beispielsweise an die alchemistischen Vorstellungen des Anfangs (nigredo) und der Verbindung (conjunctio), welche sich in solchen Bildern des weiblichen Schwarzen mischen.

Doch auch der Osten kennt Darstellungen von schwarzen Göttinnen, erinnert sei nur an die schwarze Hindugöttin Kali. Eine dunkle Frauengestalt im Kultus ist auch die schwarze Sarah (Sarah-la-Kali), die Schutzpatronin der Zigeuner im südfranzösischen Wallfahrtsort Les Saintes-Maries-de-la-Mer, wo drei Marien verehrt werden: Maria Jacobaea, Schwester der Mutter Christi; Maria Salome und Maria Magdalena. Sie sollen nach ihrer Flucht aus dem Heiligen Land in der Provence gelandet sein. Auch hinter der schwarzen Sarah, deren Fest am 24. Mai gefeiert wird, scheint sich eine der archaisch wirkenden schwarzen Madonnen zu verbergen.

Möglicherweise – so eine andere weitverbreitete Ansicht – wurden die ersten schwarzen Madonnen auch im Rahmen der Kreuzzüge aus dem Nahen Osten nach Europa, speziell nach Frankreich, gebracht, wobei der Templerorden eine wichtige Rolle gespielt haben soll. Denn all diese schwarzen Madonnen sind vor dem 13. Jahrhundert entstanden.

Um die schwarzen Madonnen ranken sich viele Legenden und Wunder (auch, dass die Wundertätigkeit der schwarzen Madonnen aufhörte, als die Kirche im Spätmittelalter damit begann, schwarze Madonnen weiß anzustreichen!). Auf ein besonderes Marien-Wunder macht Klausbernd Vollmar in seinem Buch über *Das Geheimnis der Farbe Schwarz* aufmerksam: Dieses soll »die schwarze Madonna von Verviers vollbracht haben: Die zwei Meter hohe, aus zwei Sandsteinblöcken zusammengesetzte Madonna soll bei dem Erdbeben am 18. September 1692 gegen 14 Uhr ihre Position deutlich verändert haben. Sie wandte sich in einer anderen Körperhaltung der Christusstatue zu, diese bog sich ihr entgegen. Es gab 4000 Zeugen dieses unerklärlichen Vorfalls. Danach wurde anhand einer gerichtlichen Aussage von 104 Zeugen die Skizze ›vorher-nachher‹ von Jacques Silvius angefertigt.«

Die Frage, warum die schwarze Madonna, diese besondere *black magic woman*, eine derartige Anziehung ausübt, beantworten Tiefenpsychologen wie C. G. Jung mit dem Hinweis, dass sie als Anima den archetypisch weiblichen Seelenanteil in jedem von uns anspricht, wobei die Farbe Schwarz, die Farbe der Nacht, in Verbindung mit dem Weiblichen ein Symbol für den Urgrund, den Uterus der Erde, das Noch-nicht-Manifeste, Mysteriöse darstellt. Die schwarze Madonna würde dergestalt unterschiedliche Aspekte in sich vereinen, ja eine *coincidentia oppositorum*, einen Zusammenfall der Gegensätze, und damit sogar ein Totalitätssymbol darstellen: zum einen Reinheit, Unschuld, Keuschheit, Licht, zum anderen Fruchtbarkeit, Sexualität, Dunkelheit, Chthonisch-Unterweltliches. Damit integriert sie just jene Aspekte des Weiblichen, die das Christentum, genauer gesagt die Kirche, über Jahrhunderte radikal abzuspalten versucht hat.

Literatur: Charles Panati, Populäres Lexikon der religiösen Gegenstände und Gebräuche, Deutsch von Reinhard Kaiser, Frankfurt a. M. 1998, S. 41; Ursula Kröll, Das Geheimnis der Schwarzen Madonnen. Entdeckungsreisen zu Orten der Kraft, Stuttgart 1998; Hans Biedermann, Knaurs Lexikon der Symbole, Erfstadt 2004, S. 394; Klausbernd Vollmar, Das Geheimnis der Farbe Schwarz. Psychologie, Mythos, Symbolik, Bern 1955, S. 39ff.

Eine Leiche vor Gericht – Wie Papst Stephan VI. seinen längst verstorbenen Vorgänger ausgraben und auf die Anklagebank setzen ließ

Die Geschichte des Papsttums weist nicht nur fromme oder gar heilige Männern auf. Es gab leider Gottes auch eine Reihe lasterhafter, intriganter und unbestreitbar krimineller Stellvertreter Jesu Christi. Doch die von Pontifex Stephan VI. im Jahre 897 veranstaltete sogenannte Leichensynode von Rom steht in der mehr als zweitausendjährigen Geschichte des Christentums ohne Beispiel da und kann als deren absoluter moralischer Tiefpunkt gelten. Karlheinz Deschner bezeichnet diesen einzigartigen Fall in seiner *Kriminalgeschichte des Christentums* zu Recht als »makabres Schmierenstück papalen Ranges«.

Die Vorgeschichte dieses haarsträubenden Ereignisses aus dem auch ansonsten reich gefüllten Skurrilitätenkabinett des Vatikans ist rasch erzählt: Ende des 9. Jahrhunderts, das ein besonders düsteres Säkulum war, beherrschte die Spoleto-Familie Rom und große Teile Italiens. Herzog Guido von Spoleto, ihr Oberhaupt, wollte König von Italien, ja sogar Nachfolger der römischen Kaiser werden. Und da nur der Papst das Recht besaß, einen Kaiser einzusetzen, mischte sich Guido von Spoleto massiv in die Papstwahl ein. So wurde sein Wunschkandidat, der aus Korsika stammende Formosus, Bischof von Porto, im Oktober 891 zum Papst gewählt. Ein Jahr darauf rief Formosus Herzog Guido zum »friedenstiftenden Imperator und Augustus«, also zum Kaiser, aus.

Ende 894 starb Guido. Dessen junger Sohn benahm sich jedoch danach derart anmaßend und herrisch, dass der Papst ihn loswerden wollte. Formosus bat 895 den deutschen König Arnulf von Kärnten um Hilfe, der daraufhin mit einem Heer nach Rom zog, wo der Papst in der Engelsburg von den Männern des Herzogs von Spoleto belagert wurde. Aufgrund der baufälligen Stadtmauern gelang es Arnulf im Februar 896, binnen 24 Stunden Rom zu besetzen und Lambert von Spoleto zu vertreiben, sodass der Papst den Deutschen noch im gleichen Monat zum wahren Kaiser salbte. Nachdem Arnulf mit seinem Heer wieder abgerückt war, starb Formosus hochbetagt im April 896. Bonifatius VI., sein Nachfolger, war bereits zwei Wochen nach der Wahl tot. Im Mai tauchte der auf Rache sinnende Lambert wieder in Rom auf und ließ einen Verbündeten, Stephan VI., zum Papst ausrufen. Beide heckten einen wahrlich monströsen Plan aus: Alle gespendeten Weihen und Amtshandlungen des Formosus sollten in einem Gerichtsprozess für ungültig erklärt werden, und damit auch die Absetzung Lamberts von Spoleto als Kaiser.

Im Juni 897 wurde deshalb der halb verweste Leichnam des Formosus aus der Gruft geholt, in päpstliche Gewänder gehüllt und auf die Anklagebank gesetzt. Ein Diakon übernahm pro forma die Verteidigung des Toten. Während des dreitägigen Schauprozesses klagte Stephan VI. seinen Vorgänger unter anderem des Eidbruchs und des Wahlbetrugs an. Der Hauptanklagepunkt bestand jedoch darin, dass sich Formosus der sogenannten Translation schuldig gemacht hätte. Die Wahl eines Bischofs bedeutete, dass dieser seinen früheren Diözesansitz gegen einen neuen eintauschen musste: den der Stadt Rom. Die Translation aber war nach damaligem Kirchenrecht nur in bestimmten Fällen gestattet. Verboten war der Wechsel von einem Bischofsamt in ein anderes jedoch, wenn er aus Ehrgeiz geschah. Genau dies warf Stephan VI. Formosus vor, der vor seiner Wahl zum Papst Bischof von Porto gewesen war. Nach der Verurteilung ließ Stephan VI. dem Toten die Papstgewänder wieder abnehmen, und ihm wurden überdies wegen seines angeblichen Eidbruchs die Schwurfinger der rechten Hand abgehackt. Anschließend warf man die Leiche in den Tiber.

Die Gerichtsverhandlung gegen ein Papst-Skelett löste in der römischen Bevölkerung blankes Entsetzen aus, und als wenig später noch eine Kuppel der Lateranbasilika einstürzte, sah man darin ein deutliches Zeichen für den Zorn Gottes. Das aufgebrachte Volk stürmte die Papstresidenz und warf Stephan in den Kerker, wo er im August 897 erdrosselt wurde. Auch Lambert von Spoleto überlebte die Leichensynode nicht lange: Er starb im Oktober 898 im Alter von nur 23 Jahren bei einem Jagdunfall. Dass der Ruf der Kirche durch dieses Vorgehen gegen den Ex-papst Formosus stark geschädigt wurde, merkten die Kirchenoberen schnell und hoben noch 897 sämtliche Beschlüsse der Leichensynode auf. Formosus, dessen Überreste aus dem Tiber gefischt wurden, wurde ehrenvoll in der alten Peterskirche beigesetzt. Papst Johannes IX. rehabilitierte seinen Vorgänger schließlich 898 auch in offizieller Form.

Allen Wiedergutmachungsversuchen zum Trotz kann man Karlheinz Deschners Fazit über dieses »erschütternde Schauspiel«, von den Quellen *horenda synodus* (Schauersynode) genannt, nur zustimmen: »Vielleicht ist es ja nicht einmal der Vorgang an sich, der Einfall eines von kaum glaublichem Hass verzehrten Heiligen Vaters das Erstaunlichste an einer Sache, die wie das Szenario aus einer Nervenklinik, ein Albtraum anmutet, als die Tatsache, dass diesem geistlichen Gruselkabinett eine ganze Bischofsversammlung drei Tage beiwohnt – sei es nun ehrfürchtig oder nicht. Wie es in diesem Rahmen auch ganz gleichgültig ist, ob Formosus ein Ganove war oder nicht! Man kann der Menschheit wirklich alles bieten – zumal der gläubigen …«

Literatur: Karlheinz Deschner, Kriminalgeschichte des Christentums, Fünfter Band, 9. und 10. Jahrhundert, Von Ludwig dem Frommen (814) bis zum Tode Ottos III. (1002), Reinbek bei Hamburg 1997, S. 332ff.; Biographisch-Bibliographisches Kirchenlexikon, www.bautz.de/bbkl/f/formosus_p.shtml; Lexikon für Theologie und Kirche, Dritter Band, Freiburg/Basel/Wien 2000, Sp. 1357.

Auf Teufel komm raus – Der große und der kleine Exorzismus nach katholischer Lehre

Die Praxis des Exorzismus – das Austreiben von bösen Mächten (Geistern, Dämonen und Teufeln) aus Menschen, Tieren oder Orten – kennt man nicht nur aus den archaischen, mehr oder weniger schamanisch orientierten Naturreligionen. Man begegnet ihr in den meisten Weltreligionen, auch im Christentum ist der Exorzismus noch heute lebendiger Bestandteil katholischer (und orthodoxer) Lehre und Liturgie. Im Neuen Testament ist es Jesus Christus selbst, der sich exorzistischer Verfahren, vornehmlich zur Heilung von Besessenen und Kranken, bedient: »Am Abend, als die Sonne untergegangen war, brachte man alle Kranken und Besessenen zu Jesus. Die ganze Stadt war vor der Haustür versammelt, und er heilte viele, die an allen möglichen

Krankheiten litten, und trieb viele Dämonen aus. Und er verbot den Dämonen zu reden; denn sie wussten, wer er war. ... Und er zog durch ganz Galiläa, predigte in den Synagogen und trieb die Dämonen aus« (Mk 1,32–34; 39).

In besonders drastischen Bildern schildert das Markusevangelium, wie Jesus einem Besessenen gleich eine ganze Legion von Dämonen austreibt. So lesen wir über die wundersame Heilung des Besessenen von Gerasa: »Sie kamen an das Ufer des Sees, in das Gebiet von Gerasa. Als er aus dem Boot stieg, lief ihm ein Mann entgegen, der von einem unreinen Geist besessen war. Er kam von den Grabhöhlen, in denen er lebte. Man konnte ihn nicht bändigen, nicht einmal mit Fesseln. Schon oft hatte man ihn an Händen und Füßen gefesselt, aber er hatte die Ketten gesprengt und die Fesseln zerrissen; niemand konnte ihn bezwingen. Bei Tag und Nacht schrie er unaufhörlich in den Grabhöhlen und auf den Bergen und schlug sich mit Steinen. Als er Jesus von Weitem sah, lief er zu ihm hin, warf sich vor ihm nieder und schrie laut: Was habe ich mit dir zu tun, Jesus, Sohn des höchsten Gottes? Ich beschwöre dich bei Gott, quäle mich nicht! Jesus hatte nämlich zu ihm gesagt: Verlass diesen Mann, du unreiner Geist! Jesus fragte ihn: Wie heißt du? Er antwortete: Mein Name ist Legion; denn wir sind viele. Und er flehte Jesus an, sie nicht aus dieser Gegend zu verbannen. Nun weidete dort an einem Berghang gerade eine große Schweineherde. Da baten die Dämonen: Lass uns doch in die Schweine hineinfahren! Jesus erlaubte es ihnen. Darauf verließen die unreinen Geister den Menschen und fuhren in die Schweine, und die Herde stürzte sich den Abhang hinab in den See. Es waren etwa zweitausend Tiere, und alle ertranken. Die Hirten flohen und erzählten in der Stadt und in den Dörfern. Darauf eilten die Leute herbei, um zu sehen, was geschehen war. Sie kamen zu Jesus und sahen bei ihm den Mann, der von der Legion Dämonen besessen war. Er saß ordentlich gekleidet da und war wieder bei Verstand« (Mk 51–20).

Einer anderen Stelle des Markusevangeliums zufolge erhalten auch die Apostel selbst von Jesus die Macht, Dämonen auszutreiben (Mk 3,15). Der Glaube an die Existenz von Dämonen – Paulus spricht in seinem Brief an die Epheser von den »Beherrscher(n) dieser finsteren Welt« (Eph 6,12) – und die Notwendigkeit, diese mittels eines Exorzisten und bestimmter Rituale auszutreiben, sollte auch für die kommenden zweitausend Jahre der Kirchengeschichte eine Konstante bilden.

So wurde bereits in der Frühzeit des Christentums das kirchliche Amt eines Exorzisten geschaffen. Die meisten größeren Gemeinden hatten zumindest einen Exorzisten, zu dessen Aufgabe es mitunter gehörte, abtrünnige Christen wie die Prophetin Priscilla zu behandeln. Priscilla war eine von zwei Frauen, die sich Montanus, dem Begründer der prophetischen Bewegung des Montanismus in der zweiten Hälfte des 2. Jahrhunderts anschlossen und ebenfalls als Prophetinnen tätig wurden. Der Versuch, die Dämonen bei Priscilla und Maximilla auszutreiben, scheiterte an der mangelnden Bereitschaft der beiden Frauen. Schließlich blieb nur das Mittel der Gemeindezucht und des Kirchenausschlusses.

Kirchliche Würdenträger wie Antonius, Kyrill von Jerusalem und Johannes Chrysostomos, aber auch der Kirchenvater Origenes empfahlen zum Teil detaillierte Mittel zur Dämonenaustreibung: darunter das Kreuzzeichen, den Namen Christi, das Taufsiegel, Anblasen, Ausspucken, Räuchern, Glockenläuten, Substanzen wie Erz, Eisen, Feuer, Knoblauch, Zwiebeln sowie den Verzicht auf Schweinefleisch.

Die katholische Kirche unterscheidet zwischen dem einfachen oder kleinen Exorzismus (so im Zusammenhang mit der Taufe) und dem feierlichen oder großen Exorzismus. Der Vollzug des großen Exorzismus ist bis heute einem Priester vorbehalten und bedarf der besonderen Genehmigung des Bischofs. Der Ritus ist im neu überarbeiteten Teil des *Rituale Romanum De exorcismis et supplicationibus quibusdam* von 1999 – nach 385 Jahren! – von der Kongregation für den Gottesdienst und die Sakramenten-ordnung geregelt. Nach dem Katechismus der Katholischen Kirche dient der große Exorzismus dazu, »Dämonen auszutreiben oder vom Einfluss von Dämonen zu befreien, und zwar kraft der geistigen Autorität, die Jesus seiner Kirche anvertraut hat« (KKK Nr. 1673). Die Kirche unterscheidet dabei ausdrücklich zwischen Besessenheit und Geisteskrankheit. Die Behandlung Letzterer wird der ärztlichen Heilkunde überlassen. Vor dem Vollzug eines großen Exorzismus muss daher Gewissheit darüber herrschen, dass es sich wirklich um Besessenheit handelt, was das Einholen unabhängiger Urteile von Ärzten, Psychologen und Psychiatern voraussetzt. Spätestens seit dem Fall der jungen Anneliese Michel aus Klingenberg am Main, die 1976 nach einer monatelangen Exorzismusbehandlung an Unterernährung starb – die Affäre kam 2006 als Spielfilm mit dem Titel *Requiem* ins Kino – geriet der Exorzismus zumindest in Deutschland in Verruf.

Dass die katholische Kirche aber nach wie vor an der Praxis des Exorzismus festhält, davon zeugt in jüngster Zeit die erste internationale Exorzismuskonferenz, die 2004 in Mexiko stattfand. Auf ihr wurde beschlossen, verstärkt gegen den Teufel vorzugehen. Auch nach dem Tod von Johannes Paul II. im Jahr 2005, der sich selbst mehreren Exorzismen unterzogen hatte, hat sich daran nichts geändert. So wandte sich der frisch gewählte deutsche Papst Benedikt XVI. während der Generalaudienz auf dem Petersplatz am 14. September 2005 ausdrücklich an die Teilnehmer des Nationalkongresses der italienischen Exorzisten und ermutigte diese, »mit ihrem wertvollen Dienst an der Kirche fortzufahren«.

Der Exorzismus verläuft gemäß römisch-katholischer Lesart in vier Stufen: Bedrohung – Namenserfragung – Ausfahrwort – Rückkehrverbot. Wie ein exorzistisches Ritual konkret aussieht, schildert Gabriele Amorth, der römische Geistliche und Chefexorzist unter Benedikt XVI., in einem *Spiegel*-Interview: »Als Erstes frage ich den Dämon nach seinem Namen. Oft will er ihn nicht sagen. Denn sobald er seinen Namen nennt, ist er schon angreifbarer. Er hat viele Namen. Es gibt natürlich die Fachbegriffe aus der Bibel, Satan, Beelzebub, Aschmodai, das sind die mächtigsten. Es gibt auch andere, die nicht aus der Bibel kommen. Man darf nie idiotische Fragen stellen ... Man stellt nur Fragen, die unmittelbar mit der Heilung zu tun haben. Also zuerst den Namen, dann den Tag des Eintritts, den Grund und den Namen dessen, der ihn geschickt hat.« Für den Hausgebrauch (die Autotherapie, wenn man so will) empfiehlt er das sogenannte Befreiungsgebet: »Herr, allmächtiger und barmherziger Gott, Vater, Sohn und Heiliger Geist, befreie mich von allen Einflüssen des Bösen, Vater, im Namen Christi bitte ich dich, dass du jede Kette, die der Teufel über mich hat, zerbrichst. Vergieße das kostbarste Blut deines Sohnes über mich. Damit sein unbeflecktes und heilbringendes Blut jegliche Einflüsse über meinen Körper und meinen Geist vernichtet.«

Weitaus harmloser erscheint dagegen der einfache beziehungsweise kleine Exorzismus im liturgischen Rahmen des katholischen Taufritus. Dadurch wird der Täufling von der Erbsünde und deren Anstifter, dem Teufel, befreit. Der Täufling – genauer gesagt, dessen Eltern und/oder Paten, wenn es ein Kind ist – sagen sich von den *pompa diaboli*, dem teuflischen Pomp dieser Welt los. Im Ritus hört sich das so an: »Widersagst du dem Satan – Ja. Und allen seinen Werken? – Ja.« Und so weiter. Auch in einigen wenigen evangelisch-lutherischen Kirchen wird nach wie vor der kleine Exorzismus vor der Taufe durchgeführt.

Literatur: Alexander Smoltczyk, Auf Teufel komm raus, in: Der Spiegel, Hamburg, Nr. 2/7. 1. 2008, S. 64–68.

Limbus puerorum – Die katholische Vorhölle für die Seelen ungetauft verstorbener Kinder

Was passiert eigentlich mit den Seelen ungetauft verstorbener Säuglinge und Kinder? Wie sieht ihr Heilsstatus aus? Diese Fragen beschäftigten die katholische Kirche spätestens seit dem Mittelalter immer wieder. Denn das Erfordernis der Taufe, die den Menschen ja erst von der Erbsünde befreit, und die Notwendigkeit des Erlösertodes Christi für das Seelenheil wurden nie ernsthaft in Zweifel gezogen. Folglich: keine Taufe – kein Paradies! So verdammte Augustinus im 4. Jahrhundert in *De peccatorum meritis et remissione et de baptismo parvulorum* (dt. Über die Verdienste der Sünder, über die Vergebung und über die Kindertaufe) die Ungetauften unmissverständlich: »Die unglücklichen Kinder, die ohne Taufe sterben, müssen sich dem Gericht Gottes stellen. Gefäße der Anmaßung und Gefäße des Zorns sind sie, und der Zorn Gottes ist über ihnen.« Und weiter: »Einzig die Taufe kann diese unglücklichen Kinder vor dem Reich des Todes und der Macht des Teufels retten. Wenn niemand sie aus seinen Klauen befreit – ist es dann ein Wunder, dass sie mit ihm in den Flammen leiden müssen?«

Andererseits: Kann man Wesen, die aufgrund ihres jungen Alters nicht zum Vernunftgebrauch gelangen konnten und sich in keiner Weise schuldig gemacht haben, wirklich gänzlich und für alle Ewigkeit vom Himmel ausschließen? Ein schwerwiegendes Dilemma, das die Theologen durch einen faulen Kompromiss zu lösen trachteten: Ungetauft gestorbene Kinder kommen in den sogenannten *Limbus puerorum* oder *infantium*. Ein äußerst umstrittenes Konzept, das zwar Teil jahrhundertealter Spekulationen war, jedoch nie zum offiziellen kirchlichen Dogma erhoben wurde, obgleich es bis vor wenigen Jahren noch in vielen Ländern zum katholischen Religionsunterricht gehörte!

Der lateinische Begriff *limbus* (Rand, Saum, Umgrenzung) bezeichnet einen Vorraum oder äußersten Kreis der Hölle und ist damit Teil von ihr, wenn auch ohne oder nur mit wenig Leid – aber nicht, wie fälschlicherweise oft geglaubt wurde, mit dem Fegefeuer identisch, das Teil des Himmels, aber mit Leiden verbunden ist. Über das, was der Limbus konkret bedeutet, gab es unterschiedliche Vorstellungen: Die vier wichtigsten lassen sich wie folgt resümieren: 1. Verlust der Gottesschau, geistige Umnachtung und Traurigkeit, aber recht milde Sinnesstrafen. 2. Verlust der Gottesschau, geistige Umnachtung und Traurigkeit, aber keinerlei Sinnesstrafen, 3. Nur Verlust der Gottesschau (ohne weitere Aussagen) 4. Verlust der Gottesschau, aber zugleich eine rein natürliche Glückseligkeit.

Vor allem der Gottesbegriff, der zu solchen Anschauungen führte, wurde im Lauf der Jahrhunderte von verschiedensten Seiten angegriffen. Kann die Erbsünde allein und ohne persönliche Sünde zum Verlust der himmlischen Seligkeit führen? Insbesondere im 19. Jahrhundert entwickelten sich verschiedene Konzepte, um das unbiblische Konzept des Limbus zu umgehen und trotzdem an der Unverzichtbarkeit der Taufe festzuhalten. Im Weltkatechismus von 1992 findet sich der Begriff des Limbus denn auch nicht mehr. Dort ist stattdessen die Rede von der »berechtigten Hoffnung, dass es für die ohne Taufe gestorbenen Kinder einen Heilsweg gibt«. Wie diese Hoffnung realiter aussehen soll, bleibt im Katechismus allerdings völlig offen.

Im April 2007 genehmigte Papst Benedikt XVI., nach dreijähriger intensiver Debatte, die Ergebnisse der Internationalen Theologenkommission (ITK) und ermöglichte damit die Abwertung der Lehre vom Limbus puerorum zu einer älteren theologischen Meinung, die seitens des kirchlichen Lehramts nicht mehr unterstützt wird. Die Vorhölle, der Warteraum für ungetaufte tote Kinder beziehungsweise der größte Krippenplatz zwischen Himmel und Hölle, wie Kirchenkritiker schon lange spotteten, ist also endlich abgeschafft! »Der Ausschluss von unschuldigen Kindern aus dem Paradies widerspricht der besonderen Liebe Christi für die Kleinen«, heißt es in dem Bericht der

ITK. Der Papst, der bereits als Kardinal Josef Ratzinger vor zwanzig Jahren an der »nie definierten Glaubenswahrheit« des Limbus zweifelte und für die Abschaffung dieser »theologischen Hypothese« plädierte, habe sich unter anderem wegen der weltweit hohen Zahl der Abtreibungen zu diesem Schritt entschlossen. Zudem würden immer mehr Kinder nicht getauft. Neben dem Limbus puerorum gibt es aber auch noch den Limbus patrum, den Ort für die Seelen der verstorbenen Gerechten der Zeit vor Jesus Christus, also beispielsweise der biblischen Propheten. Doch an diesem Ort befindet sich seit Christi Abstieg ins Totenreich niemand mehr. Christus hat nach theologischer Lehre alle Gerechten des Alten Bundes wie Moses und Abraham, Judith und Anna in den Himmel geführt. Ansonsten könnten sie von der Katholischen Kirche gar nicht als Heilige verehrt und angerufen werden. Das Gleiche gilt indes auch für ehrenwerte Heiden wie die griechischen Meisterphilosophen Platon und Aristoteles, die schon Dante Alighieri in seiner *Göttlichen Komödie*, im Purgatorium, als von der eigentlichen Hölle befreit erklärt hat, wenngleich der Dichter die befreiten Seelen der Weisen wie die der ungetauften Kinder nicht in den Himmel kommen lässt. Für diese ist der erste Kreis der Hölle reserviert, ihr kühlerer, oberster Stock, der sich eines *nobile castello*, also einer edlen Burg, rühmen kann, umgeben von einer grünen Wiese, auf der ganzjährig die schönsten Blumen blühen.

Literatur: Charles Panati, Populäres Lexikon der religiösen Gegenstände und Gebräuche, Deutsch von Reinhard Kaiser, Frankfurt a. M. 1996, S. 462ff.

Entzündet von feuriger Liebe zu Gott – Die mystisch-erotische Ekstase der heiligen Teresa von Avila

Was Mystik im Allgemeinen und christliche Mystik im Besonderen ist, lässt sich kaum in wenigen Worten sagen. Vielleicht kann man mit William James ihr Anliegen als »Überwindung aller gewöhnlichen Barrieren zwischen dem Einzelnen und dem Absoluten« definieren. In mystischen Zuständen werden die Menschen eins mit dem Absoluten und sich dieser Einheit auch bewusst. Zu einer mystischen Erfahrung gehören bestimmte Grundmerkmale. Wenn christliche Mystikerinnen und Mystiker von ihren religiös-ekstatischen Erfahrungen sprechen, betonen sie gerne, dass diese sie gleichsam von innen her zu einem neuen Dasein umgeformt hätten. Dabei geschieht diese Umwandlung unmittelbar, denn nichts steht mehr zwischen ihnen und dem Göttlichen. Die Ekstase gleicht – um eine biblische Metapher zu bemühen – einer Rede von Angesicht zu Angesicht, einer innigen Umarmung. Aus diesem Grund sprechen Mystikerinnen und Mystiker von *unio* (Vereinigung), *jichud* (Einheit) oder von *communio* (Gemeinschaft). Für die Mystiker scheinen Innen und Außen dabei oftmals ineinanderzufließen. So formuliert beispielsweise Katharina von Genua: »Ich bin eingetaucht in den Quell reiner Liebe, als befände ich mich im Meer, unter Wasser.« Und Elsbeth Stagel (gest. um 1360), die Tösser Schwester und Mitarbeiterin einiger Schriften von Heinrich Seuse, bekennt in einem Gleichnis: »Ich schwimme in der Gottheit wie der Adler in der Luft.« Gertrud von Helfta (1256–1302), genannt Gertrud die Große, wiederum schreibt – nicht minder poetisch – vom »ewigen Sonnenstillstand«, von der »Stätte, die alle Wonnen umschließt«, vom »Paradies beständiger Freuden«, an dem die Seele in Wirklichkeit ihre Heimat hat.

Direktheit, Erregung und Liebe (Minne) bestimmen häufig das intime, zuweilen an eindeutig erotisch-sexuelle Situationen erinnernde Geschehen zwischen der Person des Mystikers und dem Erfahrungskern. In diesem Sinne schreibt Johannes vom Kreuz (1542–1591): »Nacht, zu Vermählung einend Geliebter und Geliebte, in den Geliebten wandelnd die Geliebte.« Und die große Mystikerin und Poetin Mechthild von Magdeburg (1208–1282/97), eine Begine, bedient sich einer Sprache über die Beziehung von Gott und Mensch, die noch heute geradezu tollkühn anmutet: »O Herr, minne mich gewaltig und minne mich oft und lang; je öfter du mich minnest, umso reiner werde ich; je gewaltiger du mich minnest, umso schöner werde ich; je länger du mich minnest, umso heiliger werde ich hier auf Erden.« Die Mystikerin erhofft, dass ihre Seele von Gott befruchtet wird. Dergestalt wird die sehnsüchtige Frau zum exakten Bild für die nach Gott sehnsüchtige Seele der Menschen.

Dass eine körperliche Ekstase mit solcher Gotteserfahrung der Mystikerinnen einherging, ist durchaus wahrscheinlich. Es gibt nur eine Liebe, sagte Teresa von Avila (1515–1582), die sich in ihrer Jugend zu Mädchen hingezogen fühlte und sich ins Klosterleben zunächst nur aus Neigung zu einer Nonne flüchtete. Zwischen den religiösen und ihren psychisch-körperlichen Sehnsüchten ist kaum zu trennen. In ihrer Autobiografie berichtet Teresa, was ihr im Alter von 44 Jahren, offenbar beim Gebet, Unerhörtes zugestoßen war: »Es gefiel dem Herrn, mich … einige Mal mit folgender Vision zu begnadigen: ich sah neben mir, gegen meine linke Seite zu einen Engel in leiblicher Gestalt. … Er war nicht groß, sondern klein und sehr schön. … In den Händen … sah ich einen langen goldenen Wurfpfeil, und an der Spitze des Eisens schien mir ein wenig Feuer zu sein. Es kam mir vor, als durchbohrte er mit dem Pfeile einige Male mein Herz bis aufs Innerste, und wenn er ihn wieder herauszog, war es mir, als zöge er diesen innersten Herzteil mit heraus. Als er mich verließ, war ich ganz entzündet von feuriger Liebe zu Gott. Der Schmerz dieser Verwundung war so groß, dass er mir die erwähnten Klageseufzer auspresste; aber auch die Wonne, die dieser ungemeine Schmerz verursachte, war so überschwänglich, dass ich unmöglich von ihm frei zu werden verlangen, noch mit etwas Geringerem mich begnügen konnte als mit Gott. Es ist dies kein körperlicher Schmerz, wiewohl auch der Leib, und zwar nicht in geringem Maße, an ihm teilnimmt. Der Liebesverkehr, der nunmehr zwischen der Seele und Gott stattfindet, ist so süß, dass ich zur Güte des Herrn flehe, er wolle ihn dem zu kosten geben, der etwa meint, ich lüge hierin.«

Gian Lorenzo Bernini (1598–1680), der große italienische Bildhauer des Barock, hat sich, inspiriert von dieser Darstellung der Heiligen Teresa in ihrer Autobiografie, nicht gescheut, in der 1674 vollendeten Statue der heiligen Teresa in der Kirche Santa Maria della Vittoria in Rom Lust und schmerzhafte Sehnsucht ganz körperlich zum Ausdruck zu bringen ... Das Werk löste denn auch einen regelrechten Skandal aus.»Keine Skulptur drückt inbrünstiger den konvulsivischen Augenblick der Lust aus als die Heilige Theresa von Bernini. Wenn sie sich ›von einem goldenen Pfeil durchbohren lässt‹, dann sind ihre Gefühle die des Koitus, möge die katholische Kirche auch glauben, dass ihr Erlebnis frei von eigentlich sexuellen Elementen sei«, bemerkt Hans-Jürgen Döpp treffend in seinem Buch *Das Antlitz – Spiegel der Lust*. Und der österreichische Maler Ernst Fuchs, ein Vertreter des fantastischen Realismus, nennt diese Plastik »eines der unmoralischsten erotischen Werke der europäischen Kunst«.

Literatur: Teresa von Avila, Gesammelte Werke, Herausgegeben von Ulrich Dobhan und Elisabeth Peeters, Freiburg 2005; Martin Buber, Ekstatische Konfessionen, Heidelberg 1985; Hans-Jürgen Döpp, Das Antlitz – Spiegel der Lust, New York 2001, S. 30; Richard Reschika, Praxis christlicher Mystik. Einübungen – von den Wüstenvätern bis zur Gegenwart, Freiburg/Basel/Wien 2007, S. 28f.

Christophorus, Schutzpatron aller Reisenden – Wie Heilige aus dem Kanon entfernt werden

Der Papst ist nicht nur dazu berechtigt, an sich unauflösliche Ehen zu annullieren, er darf sogar Heilige unterdrücken, sie kraft seiner Autorität, seiner Unfehlbarkeit einfach aus dem kirchlichen Kanon, dem allgemeinen Heiligenkalender entfernen lassen, auch wenn diese sich jahrhundertelanger und tiefer Verehrung erfreut haben sollten. So können historische Recherchen berechtigte Zweifel an der Frömmigkeit und an den mit dem Namen der/des Heiligen verbundenen Wundern aufkommen lassen oder offenbaren, dass diese überhaupt nie leibhaftig, sondern lediglich in der Fantasie des Volkes und einiger Literaten existiert haben.

Das wohl prominenteste, bei vielen gläubigen Katholiken größte Enttäuschung und Empörung auslösende Beispiel aus jüngster Zeit ist zweifellos der heilige Christophorus, einer der bekanntesten und beliebtesten Heiligen überhaupt, der Schutzheilige aller Reisenden, Autofahrer, Pilger, Bus-, Lastwagen- und Skifahrer, dessen Festtag der 25. Juli war, bevor er 1969 gnadenlos aus dem Kanon gestrichen wurde.

Wir erinnern uns: Christophorus soll einmal in einer stürmischen Nacht ein kleines Kind auf den Schultern durch einen reißenden Fluss getragen haben. Unterwegs wurde das Kind immer schwerer, doch der Riese Christophorus wankte nicht. Als er das andere Ufer erreicht hatte, gab sich das Kind als Christus zu erkennen. Daher auch sein Name Christophorus, der aus dem Griechischen stammt und »Christusträger« bedeutet, allerdings zunächst im spirituellen, nicht im körperlichen Sinne!

Seit dem Mittelalter wurde Christophorus von immer mehr Menschen verehrt, und spätestens seit es Automobile gibt, finden sich Christophorus-Medaillen an vielen Armaturenbrettern und Rückspiegeln, auch wenn der sieben Meter messende Christophorus mit seinem Hundegesicht, das selbst den Satan in Angst und Schrecken versetzt haben soll, mittlerweile zu einem gut aussehenden, aber immer noch übergroßen Mann avanciert ist.

Seine Entfernung aus dem Kanon konnte denn auch nicht verhindern, dass viele Katholiken weiterhin ihre Christophorus-Medaillons tragen und ihn zumindest lokal verehren.

Noch einige Beispiele für die Unterdrückung von Heiligen durch den Vatikan:

Die heilige Barbara, Jungfrau und Märtyrerin aus dem 4. Jahrhundert, Schutzheilige der Schützen, Artilleristen, Feuerwehrleute, Feuerwerker, Bergleute und Beschützerin vor Feuer, Blitz und jähem Tod, deren Festtag der 4. Dezember war, wurde, nachdem sie in Italien während des ganzen Mittelalters verehrt worden war, von der modernen Kirche herabgestuft, weil sich außer einer fantasievollen Legende um ihr Leben kein Beweis für ihre Existenz finden ließ.

Der heilige Eustachius, ein Märtyrer der frühen Kirche und Schutzheiliger von Jägern, verzweifelten Menschen und vor allem von Familien mit traurigem Schicksal, hatte seinen Festtag am 20. September. Es wird erzählt, dass Eustachius bei der Jagd einem Hirsch mit einem leuchtenden Kreuz inmitten des Geweihs begegnete und daraufhin zum Christentum übertrat – eine Legende, die sich im Mittelalter großer Beliebtheit erfreute, der Nachprüfung in neuerer Zeit jedoch nicht standhalten konnte, auch wenn sie Gegenstand zahlloser bildlicher Darstellungen wurde. Der heilige Eustachius ist immerhin Albrecht Dürers größter Kupferstich, eine der eindrucksvollsten Kompositionen des deutschen Renaissancekünstlers und des beginnenden 16. Jahrhunderts überhaupt.

Der heilige Expeditus, ein armenischer Märtyrer, Schutzheiliger in Notfällen und auf Intensivstationen, dessen Festtag auf den 19. April fiel und der besonders in Deutschland und Sizilien in Fällen dringender Not angerufen wurde, ist ebenfalls nicht mehr im Kanon zu finden. Seine Existenz scheint er jedoch nur einem Missverständnis zu verdanken: Eines Tages schickte man aus Rom eine Kiste mit den Gebeinen eines ungenannten Heiligen zur Aufbewahrung an ein Kloster in Paris. Die Kiste trug die Aufschrift *spedito*, was auf Italienisch so viel wie Eilsendung heißt, woraufhin die Nonnen glaubten, es handle sich um den Namen des Heiligen, aus dem sie dann die lateinische Form Expeditus bildeten. Erstaunlich ist, dass eine derart fadenscheinige Legende nicht schon früher zur Herabstufung des Heiligen geführt hat.

Die heilige Margareta, Jungfrau und Märtyrerin, Schutzheilige des Kindbetts, hatte ihren Festtag am 20. Juli. Ihr abenteuerliches Leben – sie soll vom Satan in Gestalt eines Drachen verschlungen worden sein, konnte sich aber dank eines Kruzifixes, das sie um den Hals trug und das sich zu einem Schwert verlängerte, aus dem Bauch des Drachens wieder herausschneiden – war, wie spätere Nachforschungen ergaben, reine Erfindung, eine Art mittelalterlicher Abenteuerroman, verfasst von einem Mann namens Theotimus.

Die heilige Philomena, Jungfrau und Märtyrerin, deren Festtag der 11. August war, wurde 1961 vom Papst für unterdrückt erklärt und ihr Name aus dem Kirchenkalender gestrichen, da es sich um ein Missverständnis gehandelt habe. Die Geschichte: 1802 fand man in den Priscilla-Katakomben in Rom die Gebeine eines halbwüchsigen Mädchens, die zu einem Pfarrer in Mugnani bei Neapel gelangten. Dieser bewahrte sie als Reliquien der legendären heiligen Philomena in einem Schrein seiner Kirche auf. Vor dem Schrein geschahen in der Folge vermeintliche Wunderheilungen. Mugnano entwickelte sich zu einem bekannten Wallfahrtsort, und es wurden neue Kirchen nach Philomena benannt, bis archäologische Untersuchungen im 20. Jahrhundert nachweisen konnten, dass die Gebeine nicht die einer vor vielen Jahrhunderten gestorbenen Märtyrerin sein konnten. Ein Befund, der einen großen Skandal auslöste, da Philomena in Italien keineswegs eine obskure, halbvergessene Gestalt, sondern eine hochverehrte Heilige war.

Literatur: Charles Panati, Populäres Lexikon der religiösen Gegenstände und Gebräuche, deutsche Fassung von Reinhard Kaiser, Frankfurt a. M. 1998, S. 263ff.

»Ein Prophet gilt nichts im eigenen Lande!« – Sepphoris, die verschwiegene Stadt im Neuen Testament

Sepphoris war eine antike Stadt in Galiläa und gehörte im 1. Jahrhundert BCE zu den größeren Städten der Region. Sie befand sich etwa acht Kilometer nördlich von Nazaret. Um die Zeitenwende gab es Versuche, das Regiment der Römer zu beenden, und Sepphoris soll dabei den Aufständischen nahegestanden haben. Die Revolutionäre wurden schließlich niedergemetzelt, die Stadt im Jahr 4 BCE von Publius Quinctilius Varus, dem römischen Statthalter Germaniens, zerstört. Doch Herodes Antipas, der Tetrarch von Galiläa und Peräa (4 BCE–39 CE), der Johannes den Täufer hinrichten ließ, baute die Stadt wieder auf, und sie wurde sogar zu einer glanzvollen kleinen Metropole, zu deren kulturellem Angebot unter anderem ein prachtvolles Theater gehörte, das rund fünftausend Menschen Platz bot.

Umso erstaunlicher ist der Umstand, dass Sepphoris in den Texten des Neuen Testaments mit keiner einzigen Silbe erwähnt wird, denn: »Wo immer Jesus auch aufwuchs, wohin auch immer ihn seine Wege während der Wanderungen durch Galiläa führten: Jesus muss Sepphoris gekannt haben. Galiläa ist klein. Man kann es selbst bei gemächlichem Gang bequem in zwei bis drei Tagen durchwandern. Wer Wochen, Monate oder gar Jahre durch Galiläa zog, der kam an Sepphoris nicht vorbei«, so Walter-Jörg Langbein in seinem Buch über die Irrtümer des Neuen Testaments.

Was mögen die Gründe für das ominöse Verschweigen dieser Stadt gewesen sein? Dem Theologen Willibald Bösen zufolge muss Jesus Sepphoris nicht nur gekannt, sondern dort auch gepredigt haben. Doch Jesus habe in der »Zierde von Galiläa«, wie man Sepphoris damals auch nannte, keinen Erfolg gehabt. Trotzdem stellt sich die Frage, ob es glaubwürdig ist, dass eine Stadt nur deshalb von den Evangelisten verschwiegen wird, weil Jesus dort bei der Bevölkerung durchfiel. »Es mag sein, dass«, so Walter-Jörg Langbein in seinem *Lexikon der Irrtümer des Neuen Testaments*, »die Evangelien geschönt und Misserfolge des Jesus da und dort getilgt wurden. Schließlich wollte man für den Messias werben und ihn so positiv wie nur möglich darstellen. Dennoch wurden Misserfolge des Wanderpredigers Jesus keineswegs verschwiegen. So vermelden alle vier Evangelien eines der bekanntesten Jesus-Worte: ›Ein Prophet gilt nichts im eigenen Lande!‹« Doch wie auch immer: Rätselhaft ist und bleibt das Schweigen über Sepphoris allemal. Selbst die sonst so gewandten und detailversessenen römischen Geschichtsschreiber lassen uns darüber im Dunkeln.

Literatur: Walter-Jörg Langbein, Lexikon der Irrtümer des Neuen Testaments. Von A wie Apokalypse bis Z wie Zölibat, München 2007, S. 229ff.; Richard A. Batey, Jesus and the Forgotten City: New Light on Sepphoris and the Urban World of Jesus, Grand Rapids 1991; Willibald Bösen, Galiläa als Lebensraum und Wirkungsfeld Jesu, Freiburg 1985.

Leben ohne Nahrung – Therese Neumann, die Stigmatisierte von Konnersreuth

Levitation, Stigmatisation, Visionen, Telekinese, wundersame Lichterscheinungen und Wohlgerüche, Ausbleiben der Totenstarre, Unverwesbarkeit, Blutwunder, Hellsichtigkeit und so fort … Wer sich wie der – durchaus nüchterne, eine blinde fromme Gläubigkeit vermeidende – englische Jesuit Herbert Thurston in seinem Buch über *Die körperlichen Begleiterscheinungen der Mystik* historisch-kritisch mit den Biografien und Dokumenten christlicher Heiliger und Asketen, Frauen wie Männer, auseinandersetzt, stößt unweigerlich auf eine Reihe unerklärlicher Phänomene. Während gläubige Menschen in diesen übernatürlichen Erscheinungen willkommene Wundertaten Gottes sehen, sprechen Wissenschaftler, da sie keine rationale, den Naturgesetzen entsprechende Erklärung dafür finden können, bestenfalls von paranormalen oder okkulten, also noch nicht einzuordnenden Phänomenen.

Einem vermeintlichen Wunderphänomen widmet Thurston besondere Aufmerksamkeit: »Seit Weihnachten 1922 nahm sie keine Nahrung mehr zu sich und seit Weihnachten 1926 auch keine Flüssigkeit. Einige Zeit erhielt sie nach der heiligen Kommunion noch etwas Wasser, gab aber auch dies am 30. September 1927 auf. Von diesem Datum an hat sie ununterbrochen Totalabstinenz geübt. Dabei ist sie keineswegs ans Bett gefesselt. Sie besucht die Messe und andere Gottesdienste, ist für Liebeswerke im Dorfe unterwegs, insbesondere um Kranke zu besuchen; sie unterhält sich lebhaft mit ihren Bekannten und hilft im Hause mit leichten Arbeiten. Außerdem erlebt sie fast durch das ganze Jahr an Freitagen ihre Visionen der Passion und verliert durch Stigmen eine ansehnliche Menge Blut. Bei der täglichen Kommunion erhält sie in der Regel keine ganze Hostie, denn nur in der Ekstase kann sie eine solche vertragen. Im Normalzustand ist sie nicht fähig, mehr als einen winzigen Teil einer Oblate zu schlucken, eher weniger als ein Achtel.«

Die Rede ist von Therese Neumann, genannt Resl von Konnersreuth, einer bayerischen Bauernmagd, die in der Nacht zum Karfreitag 1898 geboren wurde. Nach mehreren Stürzen ans Bett gefesselt, erblindete sie 1919, konnte 1923, am Tag der Seligsprechung der Therese von Lisieux, jedoch plötzlich wieder sehen, und 1925, am Tag der Heiligsprechung ihrer Namenspatronin, auch wieder gehen. Ab der Fastenzeit 1926 zeigten sich bei ihr darüber hinaus Stigmata, was zu einem starken Besucherandrang führte. Teilweise wurden an Karfreitagen, an welchen die Wundmale besonders zutage traten, bis zu fünftausend Menschen gezählt. Viele Besucher berichteten, dass Therese aus den Augen geblutet habe, ihr das Blut über die Wangen herabgeflossen wäre, was sogar Fotos dokumentieren. Desgleichen sei ihr weißes Kopftuch blutgetränkt gewesen – offenbar verursacht durch die Stigmata der Dornenkrone. Deutlich zu erkennen seien ferner Wundmale an Händen und Füßen gewesen, aber auch kleinere Körperwunden, die man in Zusammenhang mit den Spuren der Geißelung Christi brachte. Wie Thurston weiter schreibt, hat »neben den andern Phänomenen ... dieses jahrelange Fasten so viel Aufsehen erregt, dass sich eine offizielle Untersuchung aufdrängte. 1927 wurde vom Bischof von Regensburg eine Kommission eingesetzt, die unter Leitung Dr. Seidls, eines angesehenen Arztes, den Fall zu überprüfen hatte. Sich gegenseitig ablösend, waren je zwei Schwestern zusammen Tag und Nacht ununterbrochen im Dienst, sodass während der 14-tägigen Beobachtungsperiode Therese nicht für den kürzesten Augenblick aus den Augen gelassen wurde. Gewicht, Temperatur, Puls usw. wurden häufig überprüft. Alle Ausscheidungsprodukte, z. B. auch das Blut aus den Stigmen, wurden gewogen und analysiert. Das Zimmer, das Bett, die Kleider usw. wurden gründlich durchsucht, und auch während ihrer Gespräche mit ihren Eltern, Familienmitgliedern und anderen Personen wurde sie bewacht.« Die auch als Seherin von Konnersreuth bekannte Therese Neumann soll eine Reihe von Visionen der Passion Christi gehabt haben. Wirklich verblüffend sei aber die Tatsache gewesen, dass sie in Aramäisch, also in der Sprache Jesu, kommunizieren konnte, wie Sprachkundige zu bezeugen vermochten. Weitere paranormale Fähigkeiten, die sie angeblich hatte, waren Hellsichtigkeit, Telepathie, Hierognosie (das heißt die Erkenntnis des Heiligen, beispielsweise die Fähigkeit, eine echte Reliquie von anderen, profanen Gegenständen zu unterscheiden), das Charisma der Durchsicht oder des »geistigen Einblicks«, etwa die telepatische Kenntnis der Wünsche, Vorstellungen und Gedanken eines Gegenübers, Levitationen, Bilokationen (das heißt die Fähigkeit, an zwei oder mehr

Orten zu gleicher Zeit zu sein) und postmortale Wundertätigkeit (Fürbitte-Erhörungen). Therese Neumann starb 1962 an einem Herzinfarkt und wurde auf dem Friedhof in Konnersreuth beigesetzt. Heute ist ihr Grab das Ziel vieler Pilger aus aller Welt.

Bis heute polarisiert diese Seherin stark: Es gab und gibt ebenso leidenschaftliche Fürsprecher, vor allem Augenzeugen aus dem Konnersreuther Kreis, wie zum Teil innerkirchliche Gegner, die mit ihr nur schale Pseudomystik und sensationshungrige Wundersucht in Verbindung bringen. In der Volksfrömmigkeit hat »die Resl« aber zweifellos ihren festen Platz. So fand ein Gesuch um ihre Seligsprechung immerhin vierzigtausend Unterstützer. Der Regensburger Bischof Gerhard Ludwig Müller eröffnete im Jahr 2005 den Seligsprechungsprozess für Therese Neumann, nachdem er das erforderliche *nihil obstat* von der römischen Kongregation für die Selig- und Heiligsprechungsprozesse erlangt hatte.

Literatur: Herbert Thurston S.J., Die körperlichen Begleiterscheinungen der Mystik, herausgegeben von Joseph H. Crehan S.J., mit einem Vorwort von Gebhard Frei, aus dem Englischen von Clemens Müller, Luzern 1956, S. 433f.

Der Islam

Iblîs, der gefallene Engel – Wie das Urböse nach
islamischem Glauben in die Welt kam

Die Frage nach dem Bösen und seinen Ursachen beschäftigt von
jeher nicht nur Philosophen und Ethiker, sondern auch die Religionen dieser Welt. Die biblischen Religionen Judentum und
Christentum lehren, dass das Böse durch Abfall des Urmenschen,
aber auch außermenschlicher personaler Geistwesen von Gott in
die Welt kam. Ähnliches lehrt die dritte große monotheistische
Religion, der Islam, denn nach dem Koran gilt Iblîs, ein gefallener
Engel, als der Verursacher des eigentlichen Bösen. Wie es dazu
kam? Der Bericht über Iblîs' Schicksal gehört zu den wenigen
detailgetreuen Erzählungen des Korans.

Als Allah den Engeln ankündigte, er wolle für sich einen Sach-
walter auf der Erde einsetzen, warnten sie ihn vor den Folgen:
»Willst Du auf ihr einen einsetzen, der auf ihr Verderben anstif-
tet und Blut vergießt?« (Sure 2,30). Die Engel betrachteten die
Erschaffung des Menschen nämlich als völlig überflüssig, ver-
kündeten sie doch selbst fortwährend Allahs Lob und heiligten
Ihn. Da Allahs Wissen aber auch das der Engel bei Weitem übersteigt, schuf er Adam trotzdem und lehrte ihn die Namen aller
Dinge, wodurch er ihm zugleich Macht über sie gab. Doch damit
nicht genug. Allah forderte die Engel auf, die Namen der Dinge,
auf die er wies, zu sagen. Und weil diese nicht dazu in der Lage
waren, hieß er Adam, sie ihnen beizubringen. Gleichzeitig befahl
er den Engeln, sich vor Adam niederzuwerfen. Was dann auch
alle taten, mit einer einzigen Ausnahme: »Da warfen sie sich nieder bis auf Iblîs, der sich in Hoffart weigerte und einer der Ungläubigen ward« (Sure 2,34).

Als Gründe für seinen Hochmut nannte Iblîs, der Satan, Allah gegenüber: »Ich bin besser als er; Du erschufst mich aus Feuer und hast ihn aus Ton erschaffen« (Sure 38,76) – »Soll ich mich niederwerfen vor einem, den Du aus Ton erschaffen?« (Sure 17,61). Fortan ist Iblîs ein Verworfener, auf dem Allahs Fluch lastet, wenngleich Allah ihm den erbetenen Aufschub, nämlich bis zum Jüngsten Tag existieren zu dürfen, gewährt. Allah sprach: »So gehe hinaus aus ihm [dem Paradies], denn siehe, du bist mit Steinen vertrieben; Und siehe, auf dir ist Mein Fluch bis zum Tag des Gerichts. Er sprach: ›Mein Herr, so verzieh mit mir bis zum Tag der Erweckung.‹ Er sprach: ›Siehe, mit dir wird verzogen bis zum Tag der bestimmten Zeit‹« (Sure 38,77–81).

Bis zum Jüngsten Tag wird Iblîs aber die Menschen – mit Ausnahme der von Gott erwählten Diener, also der Gläubigen, die bei Gott ihre Zuflucht suchen und gegen die Verführungen des Teufels ankämpfen – nach Kräften verführen und die Hölle mit ihnen füllen: »Darum dass Du mich in die Irre geführt hast, will ich ihnen auflauern auf Deinem rechten Wege. Alsdann will ich über sie kommen von vorn und von hinten, von ihrer Rechten und von ihrer Linken, und nicht sollst Du die Mehrzahl von ihnen dankbar finden« (Sure 7,16f.). An einer anderen Stelle des Korans heißt es: »Drum, bei Deiner Macht, wahrlich, verführen will ich sie insgesamt, außer Deinen Dienern unter ihnen, den lautern« (Sure 38,82f.). Der islamische Teufel kann Menschen in die Irre führen, ihnen böse Gedanken einflüstern, ihnen Lug und Trug vorgaukeln, selbst die Botschaft der Propheten verändern und Krankheit hervorrufen. Der Teufel ist jedoch auch der Verursacher des Todes, der auf die Erbsünde zurückgeht.

Dem berühmten, 922 hingerichteten Sufi-Theologen al-Hallâdsch zufolge könnte man die Tragödie Iblîs', den Allah verflucht hat, aber auch auf eine zwar ungewöhnliche, doch zugleich einleuchtende Art und Weise deuten: Aus seiner unendlich großen Liebe zu Gott akzeptiert der Teufel die ihm von Gott zugeteilte unselige Rolle des Verführers, damit der göttliche Heilsplan gelingen kann. Damit nimmt der Satan bewusst das Schicksal der Verdammnis auf sich, in der Hoffnung, dass seine Höllenpein nicht ewig währen und ihn Allah letzten Endes doch noch erlösen werde.

Literatur: Der Koran, aus dem Arabischen übersetzt von Max Henning, Kreuzlingen/München 2007; Ursula Spuler-Stegemann, Islam – Die 101 wichtigsten Fragen, München 2007, S. 40f.

Eine gigantische Waage und eine Brücke so fein wie ein Haar und so scharf wie ein Schwert – Was mit Muslimen nach ihrem Tod passiert

Wie die Christen, so glauben auch die Muslime an die leibliche Auferstehung der Toten, das heißt an eine künftige Wiedervereinigung ihres Körpers mit der Seele. Doch bis dahin ist es ein langer Weg, dessen einzelne Stationen zusammengefasst folgende sind:

Nach muslimischer Lehre entweicht die Seele beim Tod dem Sterbenden aus dessen Mund. Muslime müssen sich, sobald sie beerdigt worden sind, einem Zwischengericht, einer Art Purgatorium oder Fegefeuer stellen, bei dem sie von Munkar und Nakir, schrecklich anzusehenden blaugrünen Totenengeln, danach befragt werden, wer ihr Herr, wer ihr Prophet, welche ihre Religion und welches ihr heiliges Buch sei. Beantworten die Frommen diese Fragen richtig – also: Allah, Mohammed, der Islam und der Koran – und überwiegen ihre guten Taten, bekommen sie den ihnen zunächst zugedachten Ort in der Hölle und danach ihren nunmehr errungenen Platz im Paradies gezeigt.

Wie in der christlichen Offenbarung des Johannes, in der Apokalypse, wird das Ende der Zeiten auch für Muslime durch einen Trompetenstoß angekündigt. Laut Koran ist es der Engel Israfil: »Wenn die Sonne zusammengefaltet wird, und wenn die Sterne herabfallen, und wenn die Berge sich rühren, und die hochschwangeren Kamelstuten vernachlässigt werden, und wenn die wilden Tiere sich versammeln, und wenn die Meere anschwellen, und wenn die Seelen gepaart werden (mit ihren Leibern), und wenn das lebendig begrabene Mädchen gefragt wird, um welcher Sünde willen es getötet ward, und wenn die Seiten aufgerollt werden, und wenn der Himmel weggezogen wird, und das Paradies nahegebracht wird, dann wird jede Seele wissen, was sie getan hat« (Sure 81,1–14).

Gott selbst entscheidet schließlich im Endgericht über das Schicksal der Seelen, nachdem die Engel das Buch vorgelegt haben, in dem sie alle Taten und Untaten eines jeden Menschen aufgeschrieben und gewichtet haben: »Und die, deren Waage schwer ist, ihnen wird's wohl ergehen. Deren Waage jedoch leicht ist, die werden ihre Seelen verlieren in Dschahannam für immerdar. Verbrennen wird das Feuer ihre Angesichter, und die Zähne werden sie in ihm fletschen« (Sure 23, 102f.). Es handelt sich dabei um eine gigantische Waage, auf der die Sünder gewogen werden, um das Gewicht ihrer Vergehen genau feststellen zu können. Die eine Waagschale nimmt alle Sünden auf, während in der anderen lediglich ein winziges Papierstück mit dem islamischen Glaubensbekenntnis liegt … Im Anschluss an die Wägung gehen die Menschen nach der muslimischen Lehre über eine über die Hölle gespannte Brücke, die so fein ist wie ein Haar und so scharf wie ein Schwert. Es ist die sogenannte Sirat-Brücke. Als Erstes überqueren die Propheten die Brücke, gefolgt von den Gläubigen, wobei die Geschwindigkeit, mit der die Frommen die Brücke passieren dürfen, sich nach der Stärke ihres Gottvertrauens richtet. Die Gottlosen aber stürzen unweigerlich in die Hölle hinab: »Wie geschmolzenes Erz wird er kochen in den Bäuchen, wie siedenden Wassers Kochen. ›Fasst ihn und schleifet ihn mitten in den Höllenpfuhl. Alsdann gießet über sein Haupt die Strafe des siedenden Wassers‹« (Sure 44,45f.).

Dem Koran zufolge gibt es gleichsam sieben Etagen beziehungsweise sieben Zugänge der Hölle, so wie auch der Himmel siebenstöckig gedacht wird: »Ihr sind sieben Tore, und für jedes Tor ist ein besonderer Teil« (Sure 15,44). Jedem Sünder wird der seinen Taten entsprechende Ort zugewiesen, die Schlimmsten müssen in der untersten Hölle schmoren, während die Frömmsten in die strahlend hellen obersten Himmel gelangen: »Ewiges Leben ist wirkliches Leben, meint immer neue, sich vertiefende seelische Erfahrung, in den je nicht auslotbaren Tiefen des Göttlichen« – so der indische Dichter Mohammed Eqbal (1887–1938) über die Schönheit des ewigen Lebens.

Ein besonderes Schicksal ist im Islam den Märtyrern vorbehalten. Denn diese gehen nach ihrem Tod samt ihrem blutigen Hemd direkt ins Paradies ein, wo sie von zahlreichen Jungfrauen, *huris*, erwartet werden. Im persisch-arabischen Raum galt die Huri als himmlische Nymphe, Tempelprostituierte oder Liebesengel: eine Gebieterin der Stunde, die ihre Zeit im Himmel verbrachte und den Sternenseelen diente. Gut möglich, dass sich das deutsche Wort Hure hiervon ableitet.

Das Bild des Paradieses, das den Gottesfürchtigen verheißen ist, stellt sich nach dem Koran so dar: »In ihm sind Bäche von Wasser, das nicht verdirbt, und Bäche von Milch, deren Geschmack sich nicht ändert, und Bäche von Wein, köstlich den Trinkenden; und Bäche von geklärtem Honig; und sie haben in ihnen allerlei Früchte und Verzeihung von ihrem Herrn« (Sure 47,15). Übertroffen werden diese Wonnen nur noch durch die Schau von Gottes Antlitz selbst.

Literatur: Ursula Spuler-Stegemann, Islam, Die 101 wichtigsten Fragen, München 2007, S. 42f.; Hans Biedermann, Knaurs Lexikon der Symbole, Erfstadt 2004, S. 76.

Dschinn – Warum die Verkündigung des Propheten nicht nur für Menschen gilt

Als Dschinn werden in der arabischen Mythologie böse, aber auch gute Geistwesen bezeichnet, an deren Existenz Mohammed jedenfalls keinen Zweifel hegte. Der Prophet widmete ihnen sogar eine eigene Koran-Sure, nämlich die 72. Als Mohammed von Ta'if, wo er Schutz gesucht hatte, mit Steinen vertrieben worden war, hatte er auf seiner Rückwanderung nach Mekka eine Vision, in welcher die Scharen der Dschinn ihn umdrängten und von ihm die Lehren des Islam zu erfahren verlangten. Die Verkündigung des Propheten gilt folglich ausdrücklich nicht nur für Menschen, sondern genauso für die Dschinn.

Gemeinhin unterscheidet man drei Arten von Dschinn: 1. Dämonen, die den Menschen Schaden und Schrecken zufügen. Dabei sind die mächtigen die Ghul, die sehr mächtigen die Sila, die noch mächtigeren mit dezidiertem Zerstörungstrieb die Ifrit und die allerstärksten die Madrid; 2. Mittelwesen, die wie die Menschen die Schöpfung bevölkern und nicht besonders in Erscheinung treten; und 3. Doppelgänger der Menschen.

Im Gegensatz zum Menschen, der aus Lehm erschaffen wurde, und den Engeln, die aus Licht erschaffen wurden, sind die Dschinn nach der koranischen Schöpfungsgeschichte aus »rauchlosem Feuer« (Sure 15,27) entstanden. Sie sind eine Art nichtmaterieller Wesen, die wie die Engel in einer Parallelwelt leben. Dschinn haben wie Menschen einen eigenen Willen und können sich daher auch bewusst gegen die Gesetze Gottes wenden, mit allen Konsequenzen. Sie können sich aber ebenso durch Almosen, Beten und Fasten um ihr Seelenheil bemühen. Und wie bei den Menschen gibt es auch unter den Dschinn solche mit gutem und andere mit schlechtem Charakter. Was indes alle gemeinsam haben, ist ihre Scheu vor den Menschen.

Wenigen Menschen, wie beispielsweise Salomo, ist es möglich, in Kontakt mit den Dschinn zu treten. Die beschwörende Anrufung der Dschinn – etwa durch das Zitieren oder auch Falsch-Zitieren von Koranversen über einem Medium wie Wasser, Feuer, Erde, Luft, Holz oder Papier – ist im Sinne des Islam widernatürlich und verboten. (Dennoch ist ihre magische Beschwörung besonders in Afrika weit verbreitet.)

Die Beschwörung bereitet den Dschinn ungeheuere Schmerzen, weswegen sie nur ungern mit den Menschen kooperieren, sondern eher deren Wünsche vereiteln, sie zu deren Ungunsten auslegen oder sich im schlimmsten Fall sogar am Beschwörer rächen. Bestechungsversuche seien daher ratsamer als Zwang, heißt es zumindest …

Die Dschinn können die Gestalt von Schlangen, Skorpionen, Löwen, Wölfen und Schakalen annehmen, aber auch von Menschen. Manchmal erscheinen sie zudem in der Gestalt von Riesen. Es gibt drei große Hauptgruppen, die nach ihrem Aussehen unterschieden werden: geflügelte Dschinn, schlangenartige Dschinn und Dschinn mit menschlichem Aussehen.

Die Dschinn leben auf dem Land, im Meer und in der Luft. Als Aufenthaltsorte an Land bevorzugen sie Wüsten, Wälder, Busch- und Strauchlandschaften, Ruinen, Grabstätten und Schlangengruben. Desgleichen lieben sie Orte, die dunkel oder auch feucht sind – wie etwa Erdlöcher oder einen Hamam, das orientalische Dampfbad, besonders nachts. Selbst auf dem Meeresboden der Ozeane sollen Königreiche und Fürstentümer von Dschinn-Völkern existieren. Es wird erzählt, dass sie an die Meeresufer steigen, um armen Fischern kostbare Geschenke in Form von Edelkorallen und Perlen zu machen.

Den meisten Menschen dürften die Dschinn von den Erzählungen aus Tausendundeiner Nacht bekannt sein: Geister, die in einer Flasche eingesperrt worden sind, müssen demjenigen, der die Flasche öffnet, drei Wünsche erfüllen. Der Volksmund kennt auch vielerlei Geschichten von Menschen, die mit einem Dschinn verheiratet waren, wobei es sich in den allermeisten Fällen um ungute Geistwesen gehandelt haben soll.

Literatur: Helmut Werner, Das große Handbuch der Dämonen. Monster, Vampire, Werwölfe, Wien 2007, S. 71 und 187; Enzyklopädie des Islam, http://www.eslam.de/begriffe/d/dschinn.htm

Die 99 Namen Allahs und das Geheimnis um den hundertsten, den nur das Kamel kennt

Es gibt nur einen Einzigen, aber er hat 99 Namen, der hundertste fehlt. Er ist Allah, außer dem kein Gott ist: 1. der Erbarmer 2. der Gnädige 3. der König 4. der Heilige 5. der Frieden 6. der Sichernde 7. der Kontrollierende 8. der Allmächtige 9. der Unwiderstehliche 10. der Stolze 11. der Schöpfer 12. der Verwirklichende 13. der Gestalter 14. der Verzeiher 15. der Unterwerfer 16. der Gebende 17. der Versorger 18. der Öffner 19. der Allwissende 20. der Einschließende 21. der Gewährer 22. der Erniedriger 23. der Erhöher 24. der Ehrende 25. der Demütigende 26. der Hörende 27. der Sehende 28. der Richter 29. der Gerechte 30. der Milde 31. der Kundige 32. der Nachsichtige 33. der Großartige 34. der Verzeihende 35. der Dankbare 36. der Hohe 37. der Große 38. der Erhaltende 39. der Ernährende 40. der Berechnende 41. der Majestätische 42. der Großzügige 43. der Wächter 44. der Erhörer 45. der Umfassende 46. der Weise 47. der Liebevolle 48. der Ruhmreiche 49. der Erweckende 50. der Zeuge 51. der Wahrhaftige 52. der Beschützer 53. der Kraftvolle 54. der Solide 55. der Herrscher 56. der Preiswürdige 57. der Aufzeichnende 58. der Urheber 59. der Wiedererweckende 60. der Leben Spendende 61. der Tötende 62. der Lebendige 63. der Beständige 64. der Seingebende 65. der Glorreiche 66. der Einzige 67. der Eine 68. der Absolute 69. der Bemessende 70. der Mächtige 71. der Vorverlegende 72. der Aufschiebende 73. der Erste 74. der Letzte 75. der Offenbarer 76. der Verborgene 77. der Schutzherr 78. der Erhabene 79. der Gütige 80. der die Reue Annehmende 81. der Vergelter 82. der Vergeber 83. der Barmherzige 84. der Inhaber aller

Reichtümer 85. der Herr der Majestät und der Ehre 86. der Unparteiische 87. der Versammler 88. der Unabhängige 89. der Befreiende 90. der Schützende 91. der Erzeuger der Not 92. der Wohltäter 93. das Licht 94. der Führer 95. der Erfinder 96. der Bleibende 97. der Erbende 98. der Lenker 99. der Geduldige.

Obwohl man im Koran noch viele andere Namen für Allah finden kann, nennt der Prophet Mohammed in einer berühmten Hadith, einer Schrift der Überlieferung, diese 99 Namen die schönsten Namen Gottes, mit denen er angerufen und verehrt werden kann. »Wahrlich, Gott hat neunundneunzig Namen, einen weniger als hundert. Wer sie aufzählt, geht ins Paradies«, heißt es in der Hadith. Jeder dieser Namen drückt eine andere Dimension der unendlich komplexen göttlichen Gegenwart aus. Dabei handelt es sich nicht einfach um eine Auflistung von Eigenschaften, denn über jedes Attribut können auch Menschen – zumindest teilweise – verfügen, aber nur Allah kann sie alle vollkommen und vollständig besitzen. »Er ist der eine Gott, Der ewige Gott; Er zeugt nicht und wird nicht gezeugt, Und keiner ist Ihm gleich« (Sure 112, 1–4).

Samuel Zwemer hat in seiner *Moslem Doctrine of God* die 99 Namen Allahs, von denen 84 wörtlich auch im Koran erwähnt werden, nach verschiedenen Gesichtspunkten in folgende sechs Gruppen unterteilt: sieben Namen für die Einheit und Absolutheit Allahs, fünf Namen für die Schöpfermacht Allahs, 24 Namen für die Barmherzigkeit Allahs, 36 Namen für die Macht, den Stolz und die Souveränität Allahs, fünf Namen für die Härte und die Rachsucht Allahs und vier Namen für die sittlichen Eigenschaften und das Richteramt Allahs.

Das Fehlen des hundertsten Namens für Allah – er ist nach islamischer Auffassung (ähnlich dem Namen Gottes im Judentum) unaussprechbar und dem Menschen mit seinem begrenzten Denk- und Vorstellungsvermögen unbekannt – bedeutet, dass Gott sich mit auch noch so vielen Attributen letzten Endes nicht erfassen lässt.

Im Alten Testament ist die Hundert übrigens die Zahl der Vollendung: Im hundertsten Lebensjahr vollendete Noah den Bau der Arche, hundert Jahre dauerte der Zug in das Land der Verheißung, und wegen der Verwandtschaft mit der Zehn (zehn mal zehn) ist Hundert die Zahl der zehn Gebote.

Allah ist und bleibt verborgen, transzendent, ein ewiges unauslotbares Geheimnis, aber den Menschen – und das ist das große, vielleicht größte Paradoxon – trotzdem »näher als seine Halsschlagader«, wie es Dschelaleddin Rumi, genannt Maulana Rumi (1207–1273), der berühmteste persische Sufi-Dichter, mit einer genialen Metapher zum Ausdruck brachte. Der islamische Volksmund sagt, dass nur das Kamel den hundertsten Namen Allahs kenne und es aufgrund dieses Wissens so einen stolzen Blick habe! Wegen seiner für den Menschen hochmütig wirkenden Physiognomie gilt das Kamel aber auch als Symbol für Überheblichkeit und Eigensinn.

Viele Muslime verwenden eine Art Rosenkranz, Tasbih oder Subha genannt, um die 99 Namen Allahs rezitierend zu beten. Die muslimische Gebetskette besteht aus elf, 33 oder 99 Perlen – es können auch Dattelkerne, Muscheln, Bernstein, Koralle, Naturstein oder einfache Knoten sein –, sodass man in neun oder drei Durchgängen beziehungsweise in einem einzigen Durchgang 99 Perlen, entsprechend der Zahl der Anrufungen Allahs, zupfen kann. »Wie immer ihr ihn rufet, sein sind die schönsten Namen«, spricht der Prophet.

Literatur: Michael D. Coogan, Weltreligionen, aus dem Englischen von Susanne Staatsmann, Christian von Somm und Malte Ecker, München 2005; Franjo Terhart, Janina Schulze, Weltreligionen. Ursprung, Geschichte, Ausübung, Glaube, o.J.; Harenberg Lexikon der Religionen. Die Religionen und Glaubensgemeinschaften der Welt. Ihre Bedeutung in Alltag, Geschichte und Gesellschaft, Dortmund 2002.

Segenskraft und Schutzwirkung –
Die geheimnisvollen Buchstaben des Korans

Der Koran gibt viele Rätsel auf. Eines davon beschäftigt bis heute Gläubige wie Forscher gleichermaßen: Vor 29 der insgesamt 114 Suren des heiligen Buches der Muslime stehen nach der Überschrift einzelne arabische Buchstaben, und zwar unmittelbar vor Beginn des Textes mit der Basmala-Formel: »Im Namen Gottes, des Gnädigen und Barmherzigen.« Doch weder die Reihenfolge noch die Anordnung der Siglen lassen einen eindeutigen Bezug zum nachfolgenden Text erkennen. So beginnt etwa Sure zwölf mit den Buchstaben A.L.R., Sure sieben mit den Buchstaben A.L.M.S und Sure 46 mit H.M. Andere Abbreviaturen sind: A.L.M. – A.L.M.R. – H.M.S.Q. – T. – T.S. – T.S.M. – T.H. – Q. – K.H.Y.S. – N. – Y.S. Schon früh haben sich die Koranexegeten mit dem Phänomen dieser Siglen auseinandergesetzt und unterschiedlichste Lösungen vorgeschlagen, doch eine allgemein anerkannte, wirklich zufriedenstellende Erklärung für die Bedeutung und Anordnung dieser geheimnisvollen Buchstaben konnte bisher weder die muslimische Koranwissenschaft noch die westliche Islamwissenschaft geben. Sind es Abkürzungen für Worte beziehungsweise Phrasen, Teile des Gottesnamens, Repräsentanten des arabischen Alphabets oder gar Zeichen für Zahlenwerte?

Die westliche Orientalistik bezeichnete die Siglen als *mysterious letters*, als geheimnisvolle Buchstaben, und entwickelte im Großen und Ganzen zwei Theorien: 1. Die Siglen seien Abkürzungen für Worte beziehungsweise Wortgruppen. 2. Die Siglen seien irgendwelche Hilfszeichen beziehungsweise Markierungen, die im Laufe der Koranredaktion entstanden seien. Für die bedeutende, international geschätzte Islamforscherin und hervorragende Sufismus-Expertin Annemarie Schimmel weisen die Buchstabengruppen »möglicherweise auf kleine frühere Privatsammlungen oder Besitzer des betreffenden Exemplars« hin. Sie gesteht aber in ihrer Koran-Einleitung offen ein, dass das Rätsel noch nicht gelöst sei. Einige Koranforscher vertreten sogar einen ausgesprochen pessimistischen Standpunkt: Ihrer Meinung nach wird es wohl auch in Zukunft nicht möglich sein, die wahre Bedeutung und den Ursprung der Zeichen zu entschlüsseln …

Nach der herrschenden islamischen Tradition werden die Siglen indes als fester Bestandteil des göttlichen Offenbarungstextes angesehen, die bis auf den Propheten Mohammed zurückgehen, und nicht – wie zum Teil in der abendländischen Koranforschung – als ein späteres Produkt der Koranredaktion unter den Kalifen, den Nachfolgern des Propheten Mohammed als Oberhäupter der muslimischen Gemeinschaft und des Kalifenreichs. Der Volksislam misst den Buchstaben besondere Segenskraft und Schutzwirkung zu. Nur Gott kenne deren wahre Bedeutung.

Wie dem auch sei – von den geheimnisvollen Buchstaben des Korans geht eine ungebrochene Faszination aus, wie man sie etwa von den magischen Alphabeten her kennt, mithilfe derer geheimes, sprich esoterisches Wissen vor Außenstehenden und Nicht-Eingeweihten bewahrt werden soll.

Literatur: Der Koran, aus dem Arabischen übersetzt von Max Henning, Kreuzlingen/München 2007, S. 16; Harenberg Lexikon der Religionen. Die Religionen und Glaubensgemeinschaften der Welt. Ihre Bedeutung in Alltag, Geschichte und Gesellschaft, Dortmund 2002, S. 491.

Balaibalan – Die scharfsinnige Geheimsprache der Sufis

Geheimsprachen, künstlich geschaffene Sprachen, die nur Eingeweihten verständlich sind, gibt es viele. Bei Naturvölkern haben Priester oder Medizinmänner häufig ihre Geheimsprachen. Auch die Gauner-, Kunden- und Krämersprachen gehören neben den schon im Mittelalter gebräuchlichen Schülersprachen zu den

Geheimsprachen. Von Urvölkern und sogenannten Primitiven ist bekannt, dass sie sich geheimer Buchstaben, geheimer Wörter und geheimer Metaphern bedienen, um dergestalt eine neue, eine »magische Geheimsprache« zu erschaffen. Vor allem in den Liedern der Naturvölker stößt man auf Metaphern, die jeder Logik zu spotten scheinen, wie unter anderem Gustav René Hocke in seinem epochalen Werk *Die Welt als Labyrinth* weiß: »›Dein Auge gleicht dem Knie einer Ziege‹, ›Deine Lippen gleichen einer Fischblase‹. Ein berühmter Mann ist ›ein großer Baum‹, ein Reicher ein ›großes Auge‹, Verwandte sind ›Feueranbläser‹.«

Eine der zweifellos originellsten und zugleich differenziertesten Kunstsprachen ist das sogenannte Balaibalan, die Geheimsprache der Sufis, der islamischen Mystiker. Balaibalan – was übersetzt so viel wie »Sprache lebendig gemacht« heißt – ist in der französischen Nationalbibliothek von Paris in einem Band aus dem Jahr 1813 dokumentiert und besteht aus einem Wörterbuch Balaibalan–Persisch–Türkisch, türkischen Erklärungen zur Grammatik sowie balaibalanischen Textproben, die ins Arabische übersetzt worden sind.

Balaibalan kann als erste Geheimsprache gelten, die in einem gebildeten Umfeld geschaffen wurde. Sie wird von Linguisten aufgrund ihres reichen Wortschatzes, der ausgeklügelten Grammatik (einschließlich grammatikalischer Ausnahmen!) und ihres Satzbaus als eine der scharfsinnigsten Kunstsprachen überhaupt bezeichnet, die angeblich selbst die modernen Universalsprachen Europas bei Weitem übertrifft. Die heutige Forschung geht davon aus, dass das Balaibalan nicht vor dem 15. Jahrhundert entstanden sein kann und wahrscheinlich auf die schiitische Hurufi-Sekte zurückgeht. Die Anhänger dieser Sekte, deren Gründer Fazlallah war, wollten aus den Buchstaben des Korans eine Doppeldeutigkeit, sprich den eigentlichen, geheimen Sinn der Offenbarung ermitteln. Jedenfalls könne, so die Forscher, eine so komplizierte, komplexe Sprache wie das Balaibalan eigentlich nur das Produkt einer Gemeinschaftsarbeit sein.

Im Balaibalan können sowohl arabische als auch türkische und persische Wörter nachgewiesen werden, die oftmals durch Wortverkürzungen, Kontraktionen oder umgekehrte Buchstabenfolgen entstanden sind. Jedoch sind viele Wörter nur metaphorisch abzuleiten. Um ein konkretes Beispiel zu geben: Spiegel bedeutet *pir*. Im Persischen bedeutet *pir* aber Meister, bezeichnet also denjenigen, der die Schüler anleitet. Seine Vorbildfunktion macht ihn dergestalt gewissermaßen zum Spiegel für seine Adepten.

Auf die Frage nach dem Sinn und Zweck der Erfindung einer so elaborierten Sprache erscheinen zumindest zwei Antworten plausibel: Einerseits war Balaibalan sicherlich ein Mittel, um die Eingeweihten und ihr mystisches Gedankengut vor feindlichen beziehungsweise orthodoxen Kreisen zu schützen. Andererseits könnte es sich um den Versuch einer »Imitatio Dei«, einer Nachahmung Gottes, handeln. Denn so wie nach der Lesart des Korans Gott Adam, dem ersten Menschen, eine Sprache beibrachte, die er dann ausfüllte, könnte auch den Sufis eine solche Ehre widerfahren sein, wobei diese nicht nur den Inhalt der Sprache, sondern gleich die Sprache selbst kreieren wollten.

Literatur: Gustav René Hocke, Die Welt als Labyrinth. Manierismus in der europäischen Kunst und Literatur, durchgesehene und erweiterte Ausgabe, herausgegeben von Curt Grützmacher, Reinbek bei Hamburg 1987, S. 339; De Sacy, Kitab asl al-maqasid wa fasl al-marasid. Le Capital des Objets Recherchés et le Chapitre des Choses Attendues, ou Dictionnaire de L'idiome Balaibalan, in: Notices et extraits des Manuscrites de la Bibliothèque Impériale, Paris 1813, Bd. 9, S. 365–396; Alessandro Bausani, Geheim- und Universalsprachen: Entwicklung und Typologie, Stuttgart 1970; Geheimsprache Balaibalan, in: Die Sufis – islamische Mystiker, abrufbar auf www.phil.uni-passau.de/histhw/Tut-Krypto/tutorien/sufis, abgerufen im Mai 2008.

Der Taoismus

Laotse gilt neben Konfuzius zweifellos als die einflussreichste, zugleich aber auch die dunkelste Gestalt der chinesischen Geistesgeschichte. Was uns über Leben und Persönlichkeit des Urvaters des Taoismus überliefert wurde, ist irgendwo im Grenzbereich zwischen Dichtung und Wahrheit anzusiedeln. Schenkt man der Tradition Glauben, so war Laotse nicht nur der Autor des berühmten *Tao Te King*, sondern auch ein Zeitgenosse des Konfuzius (551–479 BCE). Laut der ersten und einzig offiziellen Kurzbiografie Laotses im sogenannten *Shiji* (dt. *Aufzeichnungen des Großhistorikers*), dem wichtigsten von Sima Qian (ca. 145–86 BCE) verfassten altchinesischen Geschichtswerk, stammt er aus dem Dorfe Quren, im Distrikt Lai der Provinz Hu in Chu, was dem heutigen Luyi in der Provinz Henan entspricht. Wie Sima Qian selbst schreibt, ist er sich jedoch seiner Quellenlage, die viel Widersprüchliches enthält, sehr unsicher, sodass er nicht mit Bestimmtheit sagen könne, ob Laotse wirklich gelebt hat.

Laotse, der Name unter dem er in Europa bekannt wurde, ist dabei gar kein Eigenname, sondern ein Appellativum, das im Chinesischen wörtlich *Alter Meister* bedeutet. Sein Familien- oder Sippenname war Li, »der an Häufigkeit in China«, wie Richard Wilhelm schreibt, »den deutschen Namen Maier noch übertrifft«. Sein Vorname lautete *Er* (dt. Ohr) und sein Mannesname *Dan*, was dazu führte, dass er in den meisten philosophischen Texten als Laotse oder Lao Dan (wörtlich: altes Langohr, sinngemäß übersetzt: alter Lehrer) genannt wird. In China symbolisieren große Ohren – wie man sie auch an Buddhastatuen bzw. -bildnissen sehen kann – eine tiefe Weisheit, die man in erster Linie mit alten Menschen in Verbindung brachte.

Nach der erwähnten, von Generation zu Generation weitergegebenen und bis heute lebendig gebliebenen Lebensbeschreibung Laotses war dieser Archivar am Hofe des Königs von Zhou und traf zu jener Zeit mit Konfuzius zusammen: Eine Begegnung zwischen den beiden großen Männern, die in der Literatur zwar oft beschrieben wurde, aber nicht als historisch gelten kann – wie es überhaupt an überprüfbaren Geschichtsquellen in Bezug auf Laotse mangelt: »Jedenfalls war dieses Zusammentreffen«, wie Richard Wilhelm festhält, »in der Zeit der Handynastie (zwei Jahrhunderte BCE) schon so geläufig im Volksbewusstsein, dass wir in den berühmten Grabskulpturen in Westschantung (bei Gia Siang) eine bildliche Darstellung davon finden, wie Kung [Konfuzius] bei seinem Besuch dem Laotse als Ehrengabe einen Fasan überreicht. Über die Gespräche, die bei dieser Gelegenheit geführt wurden, finden sich mannigfache Berichte. Sie stimmen alle darin überein, dass Laotse über die Heroen der Vorzeit, die geehrten Vorbilder Kungs, ziemlich absprechend urteilt und ihn von der Hoffnungslosigkeit seiner Kulturbestrebungen zu überzeugen sucht, während Kung seinen Jüngeren gegenüber sich voll Hochachtung über den unfassbar tiefen Weisen äußert…«

Auch wenn man Sima Qians vager und anekdotendurchsetzter Biografie folgt, war Laotse ein älterer Zeitgenosse und Lehrer des Konfuzius. Aufgrund von Zwistigkeiten am Hofe des Zhou-Königs und zunehmender Verschlechterung der gesellschaftlichen, vor allem moralischen Zustände, die keine Aussicht auf Wiederherstellung der Ordnung mehr versprachen, entschloss sich Laotse dazu, seinen Posten aufzugeben und nach Westen zu reisen, um dort die *Barbaren* zu bekehren. Er repräsentiert dergestalt den Typus des *guten Beraters*, der sein Amt niederlegt, wenn er den menschlich-moralischen Qualitäten des Herrschers nicht mehr zustimmen kann. Am Hsien-ku-Pass kam es dann zu einem folgenreichen Ereignis, das auch auf zahlreichen Tuschbildern, Holzschnitten oder Steinabreibungen künstlerischen Ausdruck fand: Der auf einem schwarzen Wasserbüffel reitende Laotse traf mit dem Passwächter Yin Xi zusammen. Auf die drängenden Bitten des auch als Kuan-yin-tzu bekannten Grenzbeamten, doch etwas Schriftliches für die Nachwelt zu hinterlassen (»Ich sehe, Herr, dass du in die Einsamkeit gehen willst; ich bitte dich um meinetwillen, schreibe deine Gedanken in einem Buche nieder«), verfasste Laotse schließlich die fünftausend Zeichen umfassende Aphorismensammlung des *Tao Te King*, die zur Basis für den Taoismus werden sollte. Nach der Überquerung des Passes verlieren sich dann Laotses Spuren im Westen. »Niemand weiß, wo er sein Leben beschloss«, heißt es bei Sima Qian.

Aufgrund dieser Begegnung wurde auch Yin Xi eine wichtige Figur im religiösen Taoismus und als Unsterblicher in das taoistische Pantheon aufgenommen. Er gilt als der Autor des Werkes *Kuan-yin-tzu*, in dem die taoistische Meditation erklärt wird. Der Legende nach lebte auch Yin Xi im Verborgenen, das heißt: Niemand kannte ihn. Er pflegte die Essenz von Sonne und Mond in sich aufzunehmen. Als Laotse sich ihm näherte, erkannte er bereits an dessen *Qi*, das heißt an dessen persönlicher Lebensenergie, dass es sich bei ihm um einen *Wahren Menschen*, einen alten, weisen Meister handelte. Später soll Yin Xi als Schüler Laotses, der ihm den Weg der Selbstvervollkommnung aufzeigte, in den Westen gefolgt sein und ebenfalls nie mehr gesehen worden sein.

Es gibt bis heute Stimmen, die behaupten, dass dieser Grenzwächter um die Geschichte der chinesischen Philosophie ungefähr das gleiche Verdienst habe wie Laotse selbst. Denn hätte dieser nicht den Meister zur Niederschrift seiner Gedanken genötigt, so wäre die Literatur der Welt um eines ihrer erhabensten Bücher ärmer und die Gedanken eines der größten Weisen aller Zeiten und Völker wären ihm verschlossen geblieben, ohne der Nachwelt eine Spur zu hinterlassen. Ja, es stellt sich grundsätzlich die Frage, bei wie viel anderen Weisen dies schon der Fall gewesen sein mag? Ohne Platons Schriften wüssten beispielsweise wir von Sokrates' Philosophie herzlich wenig!

Auch wenn Laotse traditionell als Autor des *Tao Te King* angesehen wird, hat die Forschung mittlerweile gezeigt, dass dieses Werk nicht vor dem vierten oder dritten Jahrhundert BCE entstanden sein und daher nicht von Laotse selbst stammen kann. Vielmehr spricht einiges dafür, dass es sich um eine Kollektivarbeit handelt, das heißt der Text von verschiedenen *alten Weisen* verfasst wurde.

Vom Autor des *Shiji* wird Laotse folgendermaßen charakterisiert: »Laotse pflegte das Tao und das Te. Nach seiner Lehre muss man danach trachten, namenlos im Verborgenen zu leben.« Eine Haltung, die sich auch in einem vermeintlichen Dialog des Laotse mit Konfuzius widerspiegelt: »Als Konfuzius nach Zhou ging, erkundigte er sich bei Laotse nach den Riten. Jener antwortete: ›Die Knochen jener, von denen du sprichst, sind längst zu Staub zerfallen; nur ihre Worte sind uns erhalten. Im Übrigen ist die Zeit dem Edlen günstig, dann begibt er sich im Wagen an den Hof. Ist sie ihm ungünstig, so streift er unscheinbar gekleidet umher. Ich habe gehört, dass ein guter Kaufmann seine Reichtümer verbirgt, als ob er mittellos wäre. Besitzt der Edle innere Tugend in Fülle, so wirkt er äußerlich wie ein Tor. Leg ab deine hochfahrende Miene, deine Begierden, deine Eitelkeit und deinen Eifer, alles Dinge, die dir zu nichts frommen! Das ist alles, was ich dir zu sagen habe.‹ Konfuzius zog sich zurück und sagte zu seinen Schülern: ›Vom Vogel weiß ich, dass er fliegen kann, vom Fisch, dass er schwimmen kann, von den Vierfüßern, dass sie laufen können. Die Tiere, die laufen, kann man mit dem Netz fangen, die Tiere, die fliegen, sind mit dem Pfeil zu treffen. Allein der Drache lässt sich mit Gedanken nicht fassen. Er schwingt sich auf dem Wind und den Wolken gen Himmel. Heute habe ich Laotse gesehen. Er ist wie ein Drache!‹«

Literatur: Martina Darga, Laotse, Kreuzlingen/München 2003; Max Kalten-mark, Lao-tzu und der Taoismus, Frankfurt a. M. 1981; Laotse, Tao Te King, Das Buch vom Sinn und Leben, übersetzt und mit einem Kommentar von Richard Wilhelm, Kreuzlingen/München 2004; Hans-Georg Möller, Laotse. Meister der Spiritualität, Freiburg/Basel/Wien 2003; C. Florian Reiter, Taois-mus zur Einführung, Hamburg 2000.

Der Konfuzianismus

Panzer- und Knochenorakel – Wie die alten Chinesen Zukunftsprognosen erstellten

Werde ich reich? Erreiche ich mein Ziel? Werde ich heiraten und glücklich sein? Zu wissen, was die Zukunft an Gutem und weniger Gutem bringt, scheint ein typisch menschliches Bedürfnis zu sein, zumal die Zukunft ja ziemlich beängstigend sein kann, Veränderung das einzig Konstante, die einzige Gewissheit im Leben darstellt. Liegen all diesen Veränderungen letzten Endes aber nicht ganz bestimmte vorhersehbare Muster zugrunde, erkennbare Strukturen, an denen man sich orientieren könnte?

Wie in anderen Weltkulturen auch, gehört die Orakelbefragung in China zu den ältesten religiösen Praktiken. Im Konfuzianismus wurde anfangs das sogenannte Panzer- und Knochenorakel befragt. Dabei ritzte der Befrager, ein Orakelpriester beziehungsweise Schamane, mit glühend heißen Bronze-Stäbchen Kerben in Schildkrötenpanzer und Tierknochen, vor allem die großen Schulterblätter von Ochsen und Schafen. Aus den so entstandenen Rissen, Verzweigungen und Verästelungen, die als Schriftzeichen gedeutet wurden, las man binäre Ergebnisse (Ja/Nein) auf vorher gestellte Fragen.

Dass vorzugsweise Schildkrötenpanzer zur Orakelbefragung benutzt wurden, hat mehrere Gründe: Im altchinesischen Weltbild wird das Urzeittier Ao erwähnt, eine Meeresschildkröte mit kosmischen Ausmaßen, auf deren Rücken die Erde ruht. Steinerne Schildkrötenfiguren mit Platten auf dem Rücken sollten auf magische Weise dazu dienen, die Stabilität des Kosmos zu gewährleisten. Ein Ao-shan (Ao-Berg) sollte auf den Inseln der Seligen liegen. Ob ihrer Langlebigkeit galt die Schildkröte den

Chinesen zudem als Symbol für langes Leben (eine zentrale Idee chinesischer Religion und Philosophie) und wegen ihrer Unverwundbarkeit als Sinnbild der unverrückbaren Ordnung par excellence.

Die auf Panzern und Knochen eingeritzten Zeichen, auf denen oft Datum, Name des Befragers sowie die Fragen und Antworten minuziös verzeichnet sind, gelten zugleich als älteste schriftliche Zeugnisse Chinas und stammen aus der Shang-Periode (um 1760–1025 BCE). Man befragte vorwiegend übernatürliche Wesen – normalerweise Ahnen, die als Quelle von Segen oder Unglück galten. Manchmal wurden die Fragen auch dem Hochgott Shang Di oder natürlichen Kräften vorgelegt. Shang Di, ein ursprünglich mit dem Polarstern identifizierter Vegetationsgott, soll nicht nur die Jahreszeiten, sondern auch das Schicksal der Menschen gelenkt haben.

Selbst das Kaiserhaus setzte die Prophezeiung mit Orakelknochen ein, um Antwort auf eine ganze Reihe von Fragen zu erhalten: von der Wettervorhersage und dem Grund für Zahnschmerzen bis hin zum richtigen Zeitpunkt, einen Krieg zu führen, dem Jagdglück und der Größe der Ernte. Viele Orakelknochen wurden in Anyang im Nordosten Chinas entdeckt.

Erst später wurde das Schafgarben-Orakel mit fünfzig Stängelchen eingeführt, mit dem man Aussagen über das Verhältnis Himmel-Erde-Mensch gemäß dem *I Ging*, dem bedeutendsten Orakelbuch, erhielt. Daneben gab es auch die Orakelformen des Münzen- oder Stäbchenwerfens.

Literatur: Harenberg Lexikon der Religionen. Die Religionen und Glaubensgemeinschaften der Welt. Ihre Bedeutung in Alltag, Geschichte und Gesellschaft, Dortmund 2002, S. 795; Michael D. Coogan, Weltreligionen, aus dem Englischen von Susanne Staatsmann, Christian von Somm und Malte Ecker, München 2005, S. 204; Stephen Karcher, Scapulomancy, in: ders., The Illustrated Encyclopedia of Divination, Shaftesbury, Dorset 1997, S. 46.

Die Unterweltbank und die Währung der Toten – Warum die Chinesen für ihre Ahnen sogar Geld verbrennen

Die Achtung vor den Ahnen spielt bei den Chinesen eine bedeutende Rolle. Insbesondere die Anhänger des Konfuzianismus betreiben seit rund zweieinhalb Jahrtausenden einen ausgeprägten Ahnenkult und -ritus (Li): Li, ein zentraler Begriff des Konfuzianismus – dessen Schriftzeichen einem Opfergefäß ähnelt, in das man Gaben für die Ahnen legt –, umfasst dabei die Verhaltensregeln, die alle zwischenmenschlichen Beziehungen sowie die Zeremonien bestimmen und festlegen, aber auch die innere Haltung der Menschlichkeit und die rechte Form für die rechte Gesinnung. »Durch Beachtung der Li öffnet sich«, wie der Religionswissenschaftler Markus Hattstein schreibt – »der Mensch (in den Riten des Hauses, der Familie und des Totenkultes) einmal der Reihe der Ahnen, also seiner eigenen Herkunft und Verwurzelung, dann auch dem ›Weg des Himmels‹ (Dao), der Übereinstimmung (Harmonie) mit dem Kosmos und den Naturkreisläufen. Die Li sind eine Art ›Leiter‹ zum ›Übersteigen der Subjektivität‹ (Ke Ji) und Egozentrik auf dem Weg zur vollendeten Menschlichkeit (Ren), die den Einklang und das Wohl der anderen stets mitbedenkt.«

Anlässlich hoher Festtage und wichtiger Familienangelegenheiten gedenken Chinesen traditionell ihrer Ahnen, denn deren Segen ist für das Wohlergehen der ganzen Familie wichtig. Auf Taiwan und in einigen Gegenden Südchinas haben viele Familien ihr eigenes Ahnentempelchen. Hierbei handelt es sich in der Regel um einen schlichten überdachten Raum, der zu einer Seite offen ist. Bild- oder Texttafeln erbaulichen Inhalts können sich darin befinden, außerdem gibt es ein Sandbecken, in das die Räucherstäbchen gesteckt werden. Die Tempelchen werden von verschiedenen Familien, die einen gemeinsamen Vorfahren haben, benutzt. Hausaltäre sind kleiner und nur für eine Familie da, erfüllen aber den gleichen Zweck.

Beim Ahnenkult übernimmt das Familienoberhaupt priesterliche Funktionen, und die Ahnen gelten beim Opfer als real anwesend. Obwohl der Konfuzianimus nur wenige Spekulationen über eine Weiterexistenz nach dem Tod oder den Aufenthaltsort der Ahnen kennt, betont er also die Notwendigkeit des Ahnenkults! Zu besonderen Anlässen werden auf den Hausaltären symbolisch Essen und Wein, aber auch Weihrauch geopfert. Die Toten nähren sich von dessen Duft, heißt es; was übrig bleibt, verbrauchen die Lebenden. So haben alle etwas davon.

Sogar Geld wird gespendet, aber es ist kein diesseitiges Geld, denn das Jenseits hat folgerichtig eine eigene Währung: das Totengeld aus grobem, gelbem Papier.

Das seit dem 13. Jahrhundert in China übliche Papiergeld wird beim Ahnenkult in Bündeln von zehntausend chinesischen Dollarscheinen die von der Unterweltbank ausgegeben werden, symbolisch verbrannt, um die Toten in der Unterwelt zu versorgen. Es gibt Tricks, die die Papierpacken schneller entflammen lassen: Man fächert sie auf und schiebt sie lamellenförmig ineinander. Am Ende der Gebete wird das Papiergeld bündelweise angezündet und verbrennt in eigens dafür bereitgestellten Blecheimern. In Taiwan, Honkong und in Chinas ländlichen Gebieten ersetzt das Totengeld zudem Warnhinweise an gefährlichen Straßenabschnitten. Wo man die gelben Blätter liegen sieht, hat sich erst kürzlich ein tödlicher Unfall ereignet ...

Literatur: Markus Hattstein, Konfuzianismus, in: Harenberg Lexikon der Religionen. Die Religionen und Glaubensgemeinschaften der Welt. Ihre Bedeutung in Alltag, Geschichte und Gesellschaft, Dortmund 2002, S. 769f.

Der Mann im Herd –
Wie Zhang Sheng zum Küchengott wurde

Die Chinesen kennen einerseits eine Reihe von Gottheiten und spirituellen Wesen, die sie in Schreinen und Tempeln verehren, andererseits konzentrieren sie ihre religiöse Aktivität auf ordnende Prinzipien und kosmische Kräfte, die eher der Kontemplation als der Verehrung dienen. Nach dem Vorbild der Bürokratie des kaiserlichen China umfasst das chinesische Pantheon die unterschiedlichsten Gottheiten und Figuren: Buddhas, Bodhisattvas, aber auch eine Vielzahl von Personen der Volkskunde und Legende, wobei jeder Gottheit eine spezielle Funktion zukommt – etwa Heilung von Krankheiten, Fruchtbarkeit für Kinderlose, Schutz für Soldaten und Seeleute sowie Wohlstand und Glück für eine Gemeinschaft, wie sie beispielsweise die Familie, der Keim der Gesellschaft, bildet. Eine der bedeutendsten volksreligiösen Hausgottheiten Chinas stellt der Küchen- beziehungsweise Herdgott Zhang Sheng dar, der fast als ein vollwertiges Mitglied der Familie betrachtet wird, zumal Essen in China nach wie vor immer und überall eine zentrale Rolle spielt. Wie Zhang Sheng, dem die Chinesen vor allem am 23. Tag des zwölften Mondmonats, am sogenannten kleinen Neujahrstag, huldigen, zum Küchengott wurde, erzählt eine alte Legende, an die die Sinologen Astrid Zimmermann und Andreas Gruschke in ihrer lesenswerten Mythen- und Legendensammlung Chinas *Als das Weltenei zerbrach* erinnern:

»Einst, so heißt es, lebte ein wohlhabender Mann namens Zhang Sheng. Er war seiner Frau Ding Xiang in großer Liebe zugeneigt. Glücklich vereint führten sie ein harmonisches Eheleben. Alles schien in bester Ordnung, bis Zhang auf einer Geschäftsreise die schöne Hai Tang kennenlernte. Als er das anmutige Mädchen sah, verliebte er sich sofort in sie. Hai Tang aber war skrupellos und habgierig und nur am Geld des vor Liebe blinden Zhang Sheng interessiert. Sie schmeichelte ihm fortwährend und tat, was immer er wollte. Nach einigen Monaten nahm Zhang die junge Frau mit nach Hause und machte sie zu seiner Konkubine. Hai Tang war sehr bald unzufrieden und wollte nicht länger nur Konkubine, sondern die offizielle Ehefrau im Hause sein. Sie fürchtete, der Hausherr könnte ihrer überdrüssig werden und sie wieder fortschicken. So spann sie eine Intrige und erreichte, dass die tugendhafte Ding Xiang von ihrem Mann verstoßen wurde und ins Haus ihrer Eltern zurückkehren musste.

In der Folge lebten Zhang Sheng und seine zur Ehefrau aufgestiegene Konkubine Hai Tang in Saus und Braus, frönten dem Müßiggang und dem Luxus. Schon nach zwei Jahren hatten sie das Vermögen verschleudert, und Zhang verlor all sein Hab und Gut. Die ruchlose Hai Tang verließ den ihr nutzlos gewordenen Gatten und ehelichte den nächsten reichen Geschäftsmann. Nun erkannte Zhang Sheng das Ausmaß seines Irrtums, doch es war zu spät. Er hatte alles verloren und musste als Bettler durchs Land ziehen.

An einem kalten Wintertag öffnete niemand auf sein Klopfen, und er litt fürchterlich an Hunger und Kälte. Schließlich wurde er vor der Tür einer reichen Familie ohnmächtig und blieb auf der Straße liegen. Ein Dienstmädchen, das ihn fand, hatte Mitleid und brachte ihn in die warme Küche, damit er sich erholen konnte. Als Zhang Shen wieder zu Bewusstsein kam, gab ihm das Mädchen etwas zu essen und zu trinken und meldete das Vorkommnis der Hausherrin. Da diese den unverhofften Gast sehen wollte, machte sie sich in die Küche auf. Durch ein Fenster sah Zhang Sheng sie näher kommen und erkannte in ihr seine ehemalige Gattin, die er zwei Jahre zuvor in seiner Verblendung weggeschickt hatte. Sofort wurde er von einem großen Schuldgefühl erfasst und konnte seine Scham kaum ertragen. Verzweifelt und voller Scham versuchte er sich im Herd zu verbergen, damit er seiner geliebten Frau nicht begegnen musste. Als Ding Xiang den Raum betrat, wunderte sie sich, dass niemand anwesend war und rief nach dem Dienstmädchen. Gemeinsam suchten sie nach dem Verschwundenen und fanden ihn schließlich im Herd. Ding Xiang erkannte zu ihrem Erschrecken, dass es ihr früherer Gatte war, der die große Hitze im Herd nicht überlebt hatte und verbrannt war. Voll der Trauer um den verlorenen Geliebten starb auch sie nach kurzer Zeit an ihrem Kummer.«

Der Legende zufolge soll der Jadekaiser in seinem himmlischen Palast von der traurig-tragischen Geschichte gehört haben und Zhang Sheng aufgrund seiner offenkundigen Reue den Titel eines Küchengottes verliehen haben. Seitdem bezeichnen viele auch seine Frau Ding Xiang als Küchengöttin, und das Bild des Küchengottes hängt unmittelbar beim Herd. Da die Chinesen davon ausgehen, dass Zhang Sheng alles, was in der Familie geschieht, en détail zur Kenntnis nimmt und den Jadekaiser darüber informiert, versuchen sie diesen vor seinem jährlichen Aufstieg in die himmlischen Gefilde milde zu stimmen, indem sie dem Küchengott Rauchwerk und süße Leckereien opfern oder ihm sogar buchstäblich Honig um den Mund schmieren, damit er nur Süßes berichten kann. Schließlich hängt das Geschick der Familie im neuen Jahr vom Jadekaiser ab, der diese belohnt oder aber bestraft. Am Tag, da der Herdgott auf himmlischer Mission weilt, tauschen die Familien die schwarz gewordenen Bilder gegen schöne neue aus. Zhang Sheng wird wieder willkommen geheißen.

Literatur: Astrid Zimmermann/Andreas Gruschke, Als das Weltenei zerbrach. Mythen und Legenden Chinas, Kreuzlingen/München 2008, S. 158f.; Michael D. Coogan, Weltreligionen, aus dem Englischen von Susanne Staatsmann, Christian von Somm und Malte Ecker, München 2005, S. 20.

Afrikanische Religionen

Wie Bumba unter qualvollen Krämpfen die Welt ausspie – Die Kosmogonie des Bantu-Stammes der Boschongo

Die rund zehn Millionen Bantu leben im Kongobecken, das sich von Tansania im Osten bis zum Kongo im Westen erstreckt. Im Mittelpunkt ihrer Religion stehen spiritistische Kulte und magische Sühnerituale. Eng verbunden mit den spiritistischen Kulten sind geheime Initiationsbünde, aber auch die weitverbreitete Institution der königlichen Orakel und der sogenannten Betrübniskulte, die den heimgesuchten Lebewesen die bösen Geister austreiben sollen. Von Betrübnis heimgesucht meint dabei so viel wie besessen sein von negativen Mächten, die ganz verschiedenen ethnischen Gruppen angehören können. Bei den Betrübniskulten werden die Medien gebeten, diese bösen Geister in ihrer eigenen Sprache zu kontaktieren, um sie dergestalt zu bannen.

Der Schöpfungsmythos der Bantu zählt zu den originellsten überhaupt: Zu Beginn ist alles dunkel, es gibt nur Wasser und Bumba ist ein einsamer Gott. Doch eines Tages würgt dieser unter schrecklichen Leibschmerzen nacheinander die Sonne, den Mond und die Sterne hervor. Mit ihnen entstehen Licht und Hitze, die das Wasser verdampfen und die Erde zum Vorschein kommen lassen. Da Bumba aber immer noch fürchterliche Qualen zu erleiden hat, speit er in der Folge neun Lebewesen aus: den Leoparden, den Adler, das Krokodil, einen kleinen Fisch, den schnellen, tödlichen Blitz, einen weißen Reiher sowie einen Käfer und eine Ziege. Als Letztes werden die Menschen ausgespuckt, von denen jedoch lediglich einer, nämlich Lolo Yima, so weiß wie Bumba selbst ist. Danach setzen die genannten Lebewesen ihrerseits sozusagen in Eigenregie – den Evolutionsgedanken Charles Darwins antizipierend – die Schöpfung fort: Der Reiher erschafft die Vögel, das Krokodil Schlangen und den Leguan, die Ziege das Hornvieh, der kleine Fisch alle anderen Fische der Meere und Gewässer und der Käfer die Insekten. Auch die drei Söhne Bumbas sind an der Vollendung der Welt beteiligt: Nyonye Ngana macht die weißen Ameisen, stirbt jedoch über dieser großen Anstrengung. Aus Dankbarkeit für ihr Leben, begraben die Ameisen ihren Schöpfer unter schwarzer Erde, die sie aus der Tiefe des unfruchtbaren Sandes heraufgeholt haben. Aus einer wunderbaren Pflanze, die der zweite Sohn, Chonganda, ins Leben ruft, entspringen sodann alle Bäume, Gräser und Blumen der Welt. Dem dritten Sohn, Chedi Bumba, gelingt trotz größter Anstrengung, nur die Schöpfung der Gabelweihe, die der Reiher bei der Schaffung der anderen Vögel vergessen hatte. Alle Geschöpfe leben zunächst in Frieden miteinander, bis Tsetse, der Blitz, auf den Plan tritt, wie Maria Leach, der wir die Niederschrift dieser kuriosen Kosmogonie verdanken, notiert: »Er erregte so viel Unruhe, dass Bumba ihn in den Himmel jagte. Da war die Menschheit ohne Feuer, bis Bumba dem Volk zeigte, wie aus Bäumen Feuer zu holen ist. ›Es ist in jedem Baum Feuer‹, sagte er ihnen, und er zeigte ihnen, wie der Feuerbohrer zu machen und das Feuer freizulegen sei. Gelegentlich springt heutzutage Tsetse noch herab und schlägt die Erde und richtet Schaden an. Als endlich das Werk der Schöpfung beendet war, ging Bumba durch die friedlichen Dörfer und sagte zu den Leuten: ›Schaut diese Wunder; sie gehören euch.‹ So kamen von Bumba, dem Schöpfer, dem Urahnen, alle Wunder, die wir sehen und innehaben und gebrauchen, und die Brüderlichkeit zwischen Tieren und Menschen.«

Die theologische Denkart der Bantu ist für Naturvölker ungewöhnlich. Sie nimmt quasi deistische Vorstellungen vorweg, wie wir sie etwa von Vertretern der englischen und französischen Aufklärungszeit her kennen. Diesen zufolge hat Gott mit der

Schöpfung zwar den Gang der Dinge initiiert, doch wird ihm ein weiteres Eingreifen in Natur und Geschichte danach abgesprochen. Auf das weitere Weltgeschehen hat er keinen Einfluss mehr. Ihren geschlechtslosen Schöpfergott betrachten die Bantu nämlich im Allgemeinen desgleichen als *Deus otiosus*, als untätigen, müßiggängerischen und sich selbst genügenden Gott, dem sie auch keinerlei Kult widmen. Lediglich beim Schwören des Eides wird er von ihnen noch heute angerufen.

Literatur: Maria Leach, The Beginning, New York 1956, S. 145f., zitiert nach: Mircea Eliade, Geschichte der religiösen Ideen. Quellentexte, übersetzt und herausgegeben von Günter Lanczkowski, Freiburg/Basel/Wien 1993, S. 88f.; Mircea Eliade/Ioan P. Culianu, Handbuch der Religionen, unter Mitwirkung von H. S. Wieser, aus dem Französischen von Liselotte Ronte, Frankfurt a. M. 1990, S. 40.

Zweiheit in der Einheit – Der rätselhafte Zwillingskult bei den Yoruba in Nigeria

Unter den afrikanischen Religionen ist die Religion der Yoruba vermutlich diejenige mit der größten Anzahl praktizierender Anhänger (über 15 Millionen), und zwar in Nigeria und den angrenzenden Gebieten wie etwa in Benin. Geistliches Oberhaupt aller Yorubas ist der Oni von Ife, Nachkomme des Weltenschöpfers Oduduwa.

Die Yoruba hatten schon vor der Kolonialzeit hoch entwickelte Stadtkulturen. Die Städte und ihr Umland bilden eine hierarchisch aufgebaute Einheit unter einem König (Oba). Die Kunst der Yoruba erreichte im 13./14. Jahrhundert ihren Höhepunkt und brachte Meisterwerke wie die berühmten Bronzeköpfe der Stadt Ife hervor.

Zu den Besonderheiten der Yoruba-Religion zählt ihr Zwillingskult, der in Zusammenhang mit der Zwillingsgottheit Ibeji steht, wie Angelina Pollak-Eltz in ihrem Buch *Trommel und*

Trance. Die afroamerikanischen Religionen festhält: »Wenn ein Zwilling stirbt, muss die Mutter zeitlebens eine Holzpuppe mit sich herumtragen, die das verstorbene Kind darstellt. Die Puppe muss symbolisch gefüttert und gekleidet werden, damit der überlebende Zwilling nicht auch stirbt. Ibeji wacht darüber, dass Zwillinge immer gleich behandelt werden. Häufig werden sie später Zauberer. Dem nach den Zwillingen geborenen Kind schreibt man noch größere magische Kräfte zu. Ein kleiner Affe, der von den Yoruba Edun Oriokun genannt wird, ist Ibeji heilig, weil er immer zwei Junge gleichzeitig auf die Welt bringt. Ein weiterer Beleg für die zweifache Natur des Gottes ist die Tatsache, dass ihm Speiseopfer auf Doppeltellern dargebracht werden.«

Doch Zwillinge scheinen sich bei den Yoruba nicht immer solcher Aufmerksamkeit erfreut zu haben, ganz im Gegenteil. In ferner Vergangenheit galt der Überlieferung zufolge eine Zwillingsgeburt als Störung des Weltengleichgewichts, wobei einer oder beide Zwillinge zu beseitigen waren. Erst aufgrund eines Orakels sei den Yoruba befohlen worden, Zwillinge in Zukunft zu verehren.

Auch in manch anderen exotischen Kulturen werden Zwillinge nicht nur als positives Symbol der Dualität in der Identität sowie der höheren Einheit und der Harmonie innerer Gegensätze, sondern vielmehr als äußerst bedenkliche Naturspiele betrachtet. Häufig wird einer der Zwillinge sogar nach der Geburt getötet, etwa aufgrund der Vorstellung, dass sie im Mutterleib Unzucht getrieben hätten – so beispielsweise in Teilen Westafrikas.

Literatur: Angelina Pollak-Eltz, Trommel und Trance. Die afroamerikanischen Religionen, Kleine Bibliothek der Religionen, herausgegeben von Adel Theodor Khoury, Band 2, Freiburg/Basel/Wien 1995, S. 39; Mircea Eliade/Ioan P. Culianu, Handbuch der Religionen, unter Mitwirkung von H. S. Wieser, aus dem Französischen von Liselotte Ronte, Frankfurt a. M. 1990, S. 35.

Prinzessinnen mit feuchter und mit trockener Vagina – Ein Karanga-Mythos

Die Religionen Südafrikas sind vor allem von der Auswanderung der Bantuvölker geprägt worden, die zwischen 1000 und 1600 CE und im 19. Jahrhundert nach Süden zogen. Dem Afrikanisten Leo Frobenius (1873–1938) zufolge ist die Gründung des alten Königreichs von Zimbabwe eng verbunden mit den Vorfahren der von Norden gekommenen Hungwe.

In den Glaubensvorstellungen der Bantu spielt die Magie im Sinne einer Beeinflussung durch übernatürliche Wesen eine zentrale Rolle. Gemäß ihrer Überzeugung können diese Wesen das Leben zum Guten wie zum Schlechten wenden. Sie werden oft als Manifestation der Seelen verstorbener Vorfahren gesehen. Eine Vielzahl von Zeremonien, Riten und Tabus soll den guten Willen der Geister erhalten.

Außer an übernatürliche Wesen glauben die Bantu aber auch an ein höchstes Wesen, welches sie in Gebeten anrufen. Nach Überzeugung der Bantus handelt es sich bei diesem Wesen, wie bereits erwähnt, um einen *Deus otiosus*, einen Gott, der sich nach seiner Schöpfungstat zurückzogen und die Menschen sich selbst überlassen hat.

Um magische Rituale zur Beeinflussung des Wetters geht es auch im Folgenden, wobei wie in vielen südafrikanischen Kulturen Riesenschlangen – auf alten Felsmalereien zu sehen – Regen und Wasser im Allgemeinen verkörpern. Die rumänischen Religionswissenschaftler Mircea Eliade und Ioan Petru Culianu verweisen in ihrem *Handbuch der Religionen* auf einen kuriosen Karanga-Mythos: »In (diesem) verwirklicht das heilige Königtum das Gleichgewicht der Gegensätze Wärme und Feuchtigkeit, die von den Prinzessinnen mit der feuchten Vagina und von den Prinzessinnen mit der trockenen Vagina symbolisiert werden. Die Ersteren waren verpflichtet, sich mit der großen Wasserschlange, gelegentlich auch Regenbogenschlange genannt, zu paaren, die bei zahlreichen Völkern West- und Südafrikas als übernatürliches Wesen anzutreffen ist. Die Prinzessinnen mit der trockenen Vagina waren Vestalinnen [eigentlich: altrömische Priesterinnen der Vesta, der Göttin des Herdfeuers, Anm. d. Verf.], die das heilige Feuer hüteten. In Zeiten der Trockenheit wurde eine Prinzessin mit feuchter Vagina geopfert, um Regen zu erhalten.«

Ganz offensichtlich handelt es sich hierbei um ein magisches Denken in Analogien, das von einer grundsätzlichen Entsprechung zwischen Mikrokosmos (Mensch) und Makrokosmos (Weltall) ausgeht. Dass man Phänomene wie Regen, Feuchtigkeit und Fruchtbarkeit in einen explizit sexuellen Kontext stellte, überrascht dabei kaum. Denn auch in vielen anderen Kulturen galt die vom Himmel kommende, die Mutter Erde zum Fruchttragen veranlassende Feuchte als Spermaflut eines Himmelsgottes.

Literatur: Mircea Eliade/Ioan P. Culianu, Handbuch der Religionen, unter Mitwirkung von H. S. Wieser, aus dem Französischen von Liselotte Ronte, Frankfurt a. M. 1990, S. 41; Hans Biedermann, Knaurs Lexikon der Symbole, Erfstadt 2004, S. 357.

Die Religionen Mittel- und Südamerikas

Chichihualcuauhco – Das jenseitige Kinderparadies der Azteken, in das die verstorbenen Mädchen und Jungen direkt eingehen

Jenseitswelten und Paradiesvorstellungen finden sich bekanntlich in allen Weltreligionen und -kulturen. Doch in keiner wird von einem eigenen Jenseits für Kinder erzählt – mit einer Ausnahme: das Kinderparadies der Azteken, die zweihundert Jahre lang (1325–1521) weite Teile Mexikos beherrschten und sich mit Tenochtitlán, ihrer Hauptstadt im See, ein mächtiges Zentrum schufen.

In seinem kolonialzeitlichen Geschichtswerk über die Azteken erwähnt Bernardino de Sahagún (1499–1590), Missionar in Mexiko, einen Ort namens Chichihualcuauhco (wörtlich: in dem Ammenreich), der verstorbenen Säuglingen und Kleinkindern, die direkten Zugang zum Jenseits hatten, vorbehalten war. Dort, so Bernardino de Sahagún, würden sie von Früchten ernährt und konnten danach in den Leib der Mutter – also in die bestehende Welt – zurückkehren, um erneut geboren zu werden. Der spanische Missionar, der über Jahre hinweg Erzählungen der Eingeborenen sammelte und sie zu einem Geschichtswerk in aztekischer Sprache zusammenstellte (dessen Handschrift teils nach Florenz, teils nach Madrid gelangte und 1889 von Eduard Seler ins Deutsche übertragen wurde), schreibt über das Kinderparadies der Azteken:

»Und wer noch als kleiner Knabe stirbt,
wer noch als kleines Kind in der Wiege liegt,
der, sagt man, geht nicht nach der Unterwelt,
sondern nach dem Gartenlande.
Man sagt, dass dort der Säuglingsbaum sich befindet,
an dem die kleinen Kinder saugen.
An seinem Fuße machen den Mund auf und zu die
kleinen Kinder.
In ihren Mund tropft die Saugflüssigkeit.«

Eine Schwarz-Weiß-Zeichnung aus dem 16. Jahrhundert zeigt den Ammenbaum und die unter ihm mit weit aufgerissenen Mündern sitzenden verstorbenen Säuglinge beziehungsweise Kleinkinder zusammen mit dem Schöpfergott Tezcatlipoca (»Rauchender Spiegel«), einem der wichtigsten aztekischen Götter. Dargestellt ist er mit dem Zauberspiegel aus Obsidian und der Türkisschlange, zwei für ihn typische Attribute.

Vom Kuriosum des Kinderparadieses abgesehen, hatten die Azteken die Vorstellung von 13 Himmeln und fünf Unterwelten, wie unter anderem Dietrich Steinwede und Dietmar Först in ihrem Buch über *Die Jenseitsmythen der Menschheit* erläutern: »Beide Bereiche waren verbunden durch die Himmelsachse im Zentrum der Stadt, im Templo Mayor, dem Doppeltempel von Tlaloc, dem Regengott, und Huitzlopochtli, dem blutdürstigen Sonnen- und Kriegsgott. In seinen Ursprungsformen hat man diesen Tempel im Zeremonialbezirk Tenochtitlans, heute Mexiko City, ausgegraben.«

Literatur: Dietrich Steinwede/Dietmar Först(Hg.), Die Jenseitsmythen der Menschheit, Düsseldorf 2005, S. 151; Eduard Scheler, Einige Kapitel aus dem Geschichtswerk des Fray Bernardino de Sahagún, Stuttgart 1927.

Zum Frühstück Eitersuppe – Was die Azteken so alles in der Unterwelt essen müssen

Nach aztekischem Glauben bestand die Welt aus drei Ebenen: Topan, die Oberwelt, Tlalticpac (auch Cemanahuatl genannt), die von den Menschen bewohnte Mittelwelt, und Mictlan, die Unterwelt. Letztere galt als der Ort des Todes, an dem die Seelen in einer Furcht einflößenden Umgebung verweilten. Diese Unterwelt war für Menschen bestimmt, die eines natürlichen Todes oder einen durch Sünde verursachten Tod gestorben waren. Gefallene Krieger oder Frauen, die bei der Geburt eines Kindes starben, kamen direkt in eine höhere Stufe und mussten Mictlan nicht durchlaufen. Gleiches galt für Personen, die ertranken oder vom Blitz erschlagen wurden. In Mictlan herrschten Mictlantecutli, der Herr der Toten, und seine Gattin, Mictlanciuatl, die Göttin des Todes und der Wiedergeburt. Sie, die Herrin des Ortes des Todes, ist zugleich die namengebende Muttergöttin Mexikos und repräsentierte, ganz ähnlich der Göttin Kali in Indien, die an einen Frauenschoß erinnernde Öffnung der Erde, aus der alles hervorgeht. Es gibt aber auch Darstellungen von ihr, wie sie im Gewand des Todes einen Leichnam unter die Erde bringt.

Der Herr der Toten, den Spinnen und Fledermäuse umgaben, wurde für gewöhnlich mit einem Totenschädel, aber mit intakten Augen dargestellt. Sie symbolisierten, seiner Skelettgestalt zum Trotz, das Leben im Tode. Für die Verstorbenen gab es in Mictlan vielerlei Gefahren und Prüfungen zu bestehen. Vier Jahre lang mussten sie neun unterirdische Stufen durchwandern, wobei ihnen das Fleisch von den Knochen gerissen wurde. Am Ende dieser Zeit gelangten sie an einen siebenarmigen Fluss, den sie mithilfe eines Unterweltwächters in Gestalt eines gelben Hundes namens Xolotl überquerten, um nach Omeyocan zu gelangen, das Ziel im Inneren des Himmels. Zu den Höllenstrafen gehörte auch der Verzehr ekelerregender, hochgiftiger Dinge, wie wir bei Bernardino de Sahagún in seiner *Historia General* lesen können:

»Mictlantecutli, Mictlanciuatl
essen in der Unterwelt Füße und Hände.
Und ihre Pfeffersoße ist der rote Käfer.
Ihre Frühstückssuppe ist Eiter,
sie trinken aus einer Hirnschale.
Wer (im Leben) viel Krapfen [= Tamale, eine Art Maissterz,
Anm. d. Verf.] aß,
isst sie in der Unterwelt durchstochen,
mit dem roten Käfer sind die Krapfen durchstochen …
Und alle Giftkräuter werden gegessen.
Und alle, die nach der Unterwelt gehen,
essen Stachelmohn.
Und alles, was hier auf Erden nicht gegessen wird,
wird in der Unterwelt gegessen.
Und man sagt, es wird nichts anderes gegessen.
In der Unterwelt herrscht große Armut und Not.
Obsidianmesser werden herumgewirbelt,
Sand wird herumgewirbelt,
Bäume werden herumgewirbelt,
Stachelpflanzen,
Feuersteinmesser werden herumgewirbelt,
wilde Agaven,
Erdkakteen.
Es ist sehr kalt.
Und Arbeit lastet auf dem Volk …
Und da, wo alles Volk geht, sagt man,
ist die Stelle, wo die Berge zusammenstoßen.
Wenn der Berg über ihm zusammenstößt,
geht er zugrunde,
wird nirgends mehr gesehen, dort in der Unterwelt …
Und wer hier auf der Erde
Maiskörner auf den Boden streut,
den verachten sie in der Unterwelt:
die Augen stechen ihm aus Mictlantecutli und Mictlanciuatl.«

Dieser Text enthält gleich mehrere Elemente, die für mittelamerikanische Unterweltsvorstellungen charakteristisch sind. Neben der klirrenden Kälte herrscht die Vorstellung, dass in der Unterwelt alles auf den Kopf gestellt, alles verkehrt sei: Wenn auf dieser Welt Nacht ist, ist in Mictlan Tag. Alles, was auf Erden nicht gegessen wird, müssen die Bewohner der Unterwelt essen, und so weiter. Von besonderem Interesse ist der zitierte Passus auch, weil er die einzige auf aztekischen Berichten basierende Quelle ist, die eine jenseitige Bestrafung für ein bestimmtes Verhalten im Diesseits vorsieht.

Literatur: Eduard Seler, Einige Kapitel aus dem Geschichtswerk des Fray Bernardino de Sahagún, Stuttgart 1927, S. 302ff.; Mictlan, From Mexiko-Lexikon, Internet: http://mexiko-lexikon.de, abgerufen im Mai 2008.

Zwischen Mythos, Ritual und Sport – Das heilige Ballspiel der Maya

Das Ballspiel übte seit Urzeiten eine große Faszination auf Menschen aus. Im Gegensatz zur heutigen Zeit besaß das Spiel früher aber eine eindeutig sakrale Dimension: Sport, Wettkampf und Religion waren untrennbar miteinander verwoben. So etwa bei den Ballspielen der Maya, von denen wir nicht nur aufgrund archäologischer Funde – in Gestalt mehr oder weniger gut erhaltener, teilweise gigantisch großer Ballspielplätze, Plastiken und Reliefs –, sondern auch durch schriftliche, erst in letzter Zeit entschlüsselte Quellen Kunde haben.

Im sogenannten *Popol Vuh* (Ratsbuch), dem heiligen Buch der Quiché-Maya in Zentralamerika, wird der Mythos und damit die Bedeutung des Ballspiels beschrieben: Protagonisten dieses Mythos sind die Zwillinge Hun Hunahpu und Vukup Hunahpu, beide virtuose Ballspieler, die den ganzen Tag ihrer Leidenschaft frönen und mit ihrem Lärm die Herren von »Xibalba«, der

Unterwelt, derart verärgern, dass diese, Hun Came und Vukub Came, sie zu einem Match herausfordern. Auf ihrer Reise in die Unterwelt bestehen die Zwillinge zwar eine ganze Reihe von Prüfungen, scheitern aber an der letzten und werden geopfert. Ihre Körper werden unter dem Ballspielplatz begraben – mit Ausnahme von Hun Hunahpus Kopf, der an einen Kalabassen-Baum gehängt wird und sofort Früchte zu tragen beginnt. »Trotz des Verbots, dem Baum nicht in die Nähe zu kommen, ging«, wie die Maya-Spezialistin Kirsten Lüke den gleichermaßen komplexen wie komplizierten Mythos um das heilige Ballspiel resümiert, »die Tochter eines der Herren der Unterwelt hin. Sobald Ixquic nahe genug war, spuckte ihr der Schädel Hun Hunahpus in die Hand. Darauf hin wurde Ixquic von ihm schwanger.« Letztere bringt die Heldenzwillinge Hunahpu und Ixbalanque zur Welt, die wie ihr Vater zu begeisterten Ballspielern werden, jedoch abermals die Unterweltherren provozieren. »Im Gegensatz aber zu ihrem Vater und Onkel ließen sich die ›Heldenzwillinge‹ nicht austricksen«, schreibt Lüke weiter, »und so spielten sie verschiedene Male mit den Herren von Xibalba.« Schließlich gelingt es diesen, die Herren der Unterwelt ein für alle Male zu besiegen. Sie selbst steigen in den Himmel auf und verwandeln sich in die Sonne beziehungsweise den Mond.

Der Ursprungsmythos des Ballspiels der Maya hat mithin gleich mehrere existenzielle und religiöse Themen zum Inhalt: die letzte, endgültige Erschaffung des Menschen, den Kampf zwischen Gut und Böse, die Fruchtbarkeit der Erde, Leben und Tod. Beim Ballspiel ahmten die Maya diesen Kreislauf des Lebens rituell nach.

In den mesoamerikanischen Ruinenstädten konnten bislang rund 1500 Ballspielplätze entdeckt werden. Die am besten erhaltenen Bauten finden sich in Copán, Iximche, Monte Albán, Uxmal, Zaculeu und in Chichén Itzá. Das größte Ballspielfeld befindet sich in Chichén Itzá und weist immerhin eine Breite von 166 Metern und eine Tiefe von 68 Metern auf! Die Spielfelder waren ringsum mit Mauern begrenzt und boten Sitzgelegenheiten für Zuschauer.

Ziel des Spieles war es, einen Ball aus Gummi, der im Durchschnitt 10 bis 30 Zentimeter groß war, durch einen an der Längsseite in ungefähr 2,5 bis 3,5 Metern Höhe angebrachten Ring (häufig eine gefiederte Schlange, ein Fruchtbarkeitssymbol) hindurchzubefördern. Über die Teilnehmer und Regeln des Ballspiels ist allerdings bis heute nichts Genaues bekannt. Zur Ausrüstung der Spieler gehörten ein sogenannter Yugo, ein Rock-, Brust- beziehungsweise Hüftschutz aus Leder, der Palma, ein länglicher Stab aus Stein, wahrscheinlich zum Ballfangen oder -werfen, eine Hacha, ein kleiner am Gürtel befestigter Steinkopf, Knie- und Ellenbogenschützer, eventuell auch Handschuhe und Kopfschmuck.

Als sicher gilt heute, dass während der drei Jahrtausende, in denen das Spiel bei den Maya gespielt wurde, sich die Regeln immer wieder änderten: die Zahl der teilnehmenden Spieler, die Körperstellen, mit denen der Ball berührt werden durfte, die Folgen einer verlorenen Partie. Desgleichen änderte sich die gesellschaftliche Bedeutung des Spiels. Einigen Berichten zufolge wurde mit einem Spiel gar der Ausgang von Kriegen entschieden, Gefangene spielten verzweifelt um ihr Überleben, es wurde um große Werte gewettet, und das Spiel war Mittelpunkt von ausgelassenen Volksfesten.

Literatur: Walter Krickeberg, Die Religionen der Kulturvölker Mesoamerikas, in: Walter Krickeberg/Hermann Trimborn/Werner Müller/Otto Zerries, Die Religionen des alten Amerika, Stuttgart 1961, S. 23f.; Kirsten Lüke, Das Ballspiel der Maya, Internet: www.mexiko-travelnews.de/kultur/archaeologie/index10.html?start, abgerufen im Mai 2008.

»Wenn es keine Bäume mehr gibt, dann wird das Ende der Welt kommen« – Eine Prophezeiung der Lakandonen-Indianer

Apokalyptischen Visionen begegnet man in fast allen Kulturen und Religionen. Die Gründe dafür können sehr vielfältig sein. Oftmals ist es der Zorn der Götter, der über die sündigen, frevelhaften Menschen ausgeschüttet wird. Angesichts der aktuellen weltweiten Rodung der Ur- und Regenwälder durch die westlichen Industrienationen, der drohenden Klimakatastrophe und der Überbevölkerung muten solche Prophezeiungen erschreckend aktuell und brisant an.

Für die Lakandonen-Indianer, eine alte mexikanische Dschungelkultur, verbindet sich der Weltuntergang nicht nur mit dem Sterben der Bäume und einer damit einhergehenden Klimaveränderung, sondern auch mit der wachsenden Zahl von auf engstem Raum lebenden Menschen. Der Lakandonen-Indianer Chan K'in, sein Sohn K'ayum und der Ethnologe Christian Rätsch haben versucht, etwas von dem uralten, von Generation zu Generation mündlich überlieferten, aber letztlich von den Göttern selbst offenbarten Wissen der Lakandonen-Indianer aufzuzeichnen und zu bewahren. Für die Lakandonen gleicht die Seele eines Baumes der eines Menschen. »Wird ein Baum gefällt, verliert sie ihren Kopf und steigt blutend in den Himmel auf«, heißt es. Und deshalb sind die Lakandonen darum bemüht, mit den Bäumen in Harmonie zusammenzuleben, denn wenn es keinen Wald mehr gibt, naht der Weltuntergang: »Es wird das Ende der Welt kommen. So erzählte man, so sagt man. Es wird unser Ende kommen, wenn es keine Bäume mehr gibt, dann, wenn sie alle gefällt sind, wenn es überall Menschen gibt, wenn es keinen Wald mehr gibt. So heißt es, so sagt man, so erzählen es die Habo. So sagten sie: *Kaxon bake xen*, so sei es denn, denn es ist wahr, so heißt es, wenn der ganze Wald voller Menschen ist, wenn der ganze Wald voller Kah, der Menschen, die eng zusammenwohnen, ist und alle Bäume gefällt sind, wenn es keine Mahagoni-Bäume mehr gibt, wenn alle Bäume dahin sind, gefällt sind und nur noch die Berge daliegen, dann kommt das Ende der Welt. Jetzt noch nicht, aber bald ist es so weit. Dann wird uns das Ende erreichen. So sagt man. Dann kommt das Ende für uns. Nichts wird da bleiben von uns.

Man sagt es, aber man weiß nicht genau, ob es einen Sturm gibt oder nicht, ob uns die Sonne versengen wird, uns nehmen wird. Schnell, denn schnell wird das Ende uns erreichen. Es dauert so lange wie der Sonnenaufgang, wenn die Sonne hervorkommt und die Wipfel der Bäume erreicht. Schnell – nichts bleibt da mehr von uns. Eine Stunde und wir sind nicht mehr.

Vielleicht wird es auch eine große Kälte geben oder etwas anderes. Aber Unser Wahrer Herr, Hachäkyum, wird sich unser Blut holen. Er wird uns in Yaxchilan versammeln. Nicht sehen wir dann, wie es hier auf der Erde ist, nicht hören wir dann das Fauchen der Jaguare. Dort nach Yaxchilan bringen die Götter die Menschen. Dorthin holen sie alle, deren Blut sehr gut ist. Kommen sie an, schneiden sie uns die Hälse durch, so sagt man.

Diesmal denn, diesmal wird niemand aufbewahrt, es wird nichts übrigbleiben, keine Tiere, nichts, keine Ameisen, keine Schlangen, keine Jaguare des Waldes, nichts. Nichts wird da mehr sein, die Erde bleibt leer. So wird es bleiben, es wird keine Dornen, keine Stacheln, nichts mehr geben.«

Die Regenwälder dieser Welt sind nach wie vor massiv gefährdet. Die weltweite Nachfrage der Industriestaaten nach Edelhölzern und Soja als Futtermittel bedroht immer größere Waldflächen. Und dies alles im Namen einer grenzenlosen Profitgier, deren apokalyptische Dimension nicht zu unterschätzen ist. Indigene Völker wie die Lakandonen haben dies schon vor langer Zeit hellsichtig erkannt.

Literatur: Christian Rätsch/K'ayum Ma'ax (Hg.), Ein Kosmos im Regenwald. Mythen und Visionen der Lakandonen-Indianer, München 1994, S. 283f.

Himmlische Schmetterlinge – Der tröstliche, hoffnungsfrohe Jenseitsmythos der Kamaiurá in Brasilien

Mit dem Schmetterling verbinden verschiedenste Kulturen und Zeiten eine frappant ähnliche Symbolbedeutung, die auf seiner erstaunlichen Metamorphose beruht: vom Ei über die Raupe und die in der Todesstarre verhaftete Puppe zum strahlend bunten, dem Sonnenlicht zugewandten Flügelinsekt: »Das Wunder der ineinander übergehenden Erscheinungszustände, dieses Wunder der Verwandlung von träger Raupe, dumpfer Larve, in den zartschönen Schmetterling hat den Menschen«, so der Psychoanalytiker und C.-G.-Jung-Schüler Ernst Aeppli, »tief angerührt, ist ihm zum Gleichnis eigener seelischer Wandlung geworden, hat ihm die Hoffnung geschenkt, einst aus der Erdverhaftetheit ins Licht ewiger Lüfte zu steigen.«

So galt der Schmetterling bereits in der Antike als Symbol für die durch den physischen Tod nicht zu zerstörende Seele (sein griechischer Name ist *psyché*). Daher erscheint die mythische Figur der Psyche auf Kunstwerken meist mit Schmetterlingsflügeln. Desgleichen wurde Hypnos, der Gott des Schlafes, mit Schmetterlingsflügeln am Kopf abgebildet, da man den Schlaf als eine periodische Befreiung der Seele von den irdischen Banden ansah. Auch in der christlichen Symbolik ist der Schmetterling ein Auferstehungs- und Unsterblichkeitssymbol.

Dass dem Schmetterlingssymbol offenbar eine archetypische Qualität innewohnt, zeigt in überaus anschaulicher Weise ein tröstlicher, hoffnungsfroher Jenseitsmythos des brasilianischen Indianerstamms der Kamaiurá. Wie bei anderen Stämmen des Amazonasraums, gibt es auch bei den Kamaiurá die Vorstellung, die Verstorbenen würden zu Schmetterlingen. Der katholische Befreiungstheologe Leonardo Boff hat eine Erzählung aus dem Mythenschatz dieser Indianergruppe, die am Oberlauf des Rio Xingu im Mato Grosso weitgehend von jeglicher Zivilisation abgeschottet lebt, erst vor Kurzem aufgezeichnet. Dieser Indianermythos erzählt von Coaciaba, einer schönen, früh verwitweten Indianerin, die aus Trauer um ihren im Krieg gefallenen Mann selbst in jungen Jahren stirbt und ihr einziges Töchterchen Guanambí allein zurücklässt. Seinerseits des Lebens nicht mehr froh, bittet das Kind die Geister, es zu holen und zu seiner Mutter zu bringen. Schließlich stirbt auch Guanambí an Schwäche und Schmerz, verwandelt sich jedoch nicht wie ihre Stammesangehörigen bei ihrem Tod in einen Schmetterling, sondern wird in einer herrlichen lilafarbenen Blüte in der Nähe des mütterlichen Grabes gefangen gehalten. Mutter Coaciabas Geist, der sich in einen Schmetterling verwandelt hat, entdeckt eines Tages ihr gefangenes Kind, bringt aber nicht die nötige Kraft auf, um die Blume aufzubrechen und das Kind zu befreien. Unter Tränen betet sie zum Schöpfergeist und zu den Ahnen ihres Stammes, sie in einen schnellen, wendigen Vogel mit einem spitzen Schnabel zu verwandeln, um die lila Blume aufpicken und ihre geliebte Tochter retten zu können. Daraufhin erbarmen sich sowohl der Schöpfergeist als auch ihre Stammesahnen ihrer und verwandeln sie in einen herrlichen Kolibri, der Blütenblatt um Blütenblatt entfernt … Wieder miteinander vereint, steigen Mutter und Kind immer höher in die Wolken auf, bis sie in den Himmel gelangen.

Noch heute pflegen die Ureinwohner Amazoniens beim Tod eines Waisenkinds den Brauch, die kleine Leiche mit lilafarbenen Blüten zu bedecken, als läge sie in einer einzigen großen Blume. Denn nach indianischem Glauben wird die Mutter in Gestalt eines Kolibris kommen, um ihr Kind zu holen, und mit ihm bis in den Himmel zu fliegen, wo sie, unzertrennlich vereint, bis in alle Ewigkeit glücklich sein werden.

Literatur: Ernst Aeppli, Der Traum und seine Deutung, Zürich 1943, Neuausgabe München 1980; Leonardo Boff, Haus aus Himmel und Erde. Erzählungen der brasilianischen Urvölker, gesammelt von Leonardo Boff, aus dem Portugiesischen übersetzt und für die deutsche Ausgabe bearbeitet von Horst Goldstein, Düsseldorf 2003; Dietrich Steinwede/Dietmar Först (Hg.), Die Jenseitsmythen der Menschheit, Düsseldorf 2005, S. 153ff.

Die traditionelle Religion Australiens

Totsingen und Mit-dem-Knochen-zeigen – Schwarzmagische Todeszauber-Rituale der Aborigines

Die Aborigines, die Ureinwohner Australiens, unterschieden natürliche Todesumstände – wie schwere Kampfverletzungen, Altersschwäche und frühen Säuglingstod – von unnatürlichen Todesursachen. Starb ein Mensch mittleren Alters und ohne erkennbare Ursache, dann musste zwangsläufig übelwollende schwarze Magie am Werk sein, mit der das Opfer in den Tod getrieben worden war, beispielsweise aus Rache für den Verstoß gegen ungeschriebene Gesetze, das unerlaubte Weitergeben sakraler Informationen, etwa in Gestalt eines nur für Eingeweihte vorgesehenen Geheimwissens, die wissentliche Beschädigung heiliger Kultorte oder die Verletzung der Heiratsregeln. Kurzum: das Übertreten von Tabus.

Wie der Tod eines Aborigine durch einen einzelnen, besonders mächtigen Aborigine-Mann (oder gemeinsam mit anderen Männern) schwarzmagisch, ohne direkten, körperlichen Kontakt mit dem Opfer herbeigeführt werden kann und welche Rolle dabei der sakrale Zauber- oder Zeigeknochen (auch Deutebein genannt) beziehungsweise das Totsingen spielen, fasst die Ethnologin und Kulturwissenschaftlerin Corinna Erckenbrecht so zusammen: »Der Höhepunkt ihrer magischen Handlungen, die unter strengster Geheimhaltung ausgeführt wurden, bestand in dem ›Zeigen‹ mit dem Knochen, dem sogenannten ›bone pointing‹ oder ›boning‹. Dabei wurde mit der Spitze des Zauberknochens in die Richtung gezeigt, in der das Opfer gewöhnlich lebte oder sich gerade aufhielt. Gleichzeitig wurden Lieder gesungen oder Liedtexte rezitiert, die die tödliche Wirkung des Zeigeknochens noch unterstützen sollten. Daher wurde das ›bone pointing‹ häufig auch als ›Besingen‹ oder ›Totsingen‹ bezeichnet.« Die Wirkung der Magie hing von der jeweiligen Macht und Erfahrung der Männer ab, die den Zauber vollführten. Dem Opfer wurden dabei entweder tödliche Substanzen in den Leib »gesungen« oder es wurde so lange seiner Lebensenergie beraubt, bis es elend dahinsiechte. Doch auch ein plötzlicher Tod des Opfers konnte herbeigeführt werden, indem man noch während des Rituals den Zeigeknochen dem Feuer übergab. Überliefert sind auch Fälle, in denen man den Zeigeknochen vergrub – ein Zauberritual, durch das das Opfer unheilbar erkrankte.

Rettung gab es für das todgeweihte Opfer nur, wenn ein anderer, besonders fähiger Medizinmann oder Heiler den Bann brechen und die schädlichen Substanzen aus dem Körper des Kranken herauslösen sowie die Lebensenergie des Opfers reaktivieren konnte. In der Regel kam für totgesungene Opfer jedoch jede Hilfe zu spät.

Die Männer, die sich dieses Todeszaubers bedienten oder auch als Rächer der Opfer wirkten, wurden von den Aborigines als *Gurdaitcha men* bezeichnet und waren aufgrund ihrer tödlichen Mission über alle Maßen gefürchtet. Das Wort *gurdaitcha* beziehungsweise *kurdaitcha* stammt aus der Aranda-Sprache (die Aranda sind ein Stamm in Zentralaustralien in der Gegend um Alice Springs) und bedeutet Corinna Erckenbrecht zufolge so viel wie »böse Person, die umherstreift, aber auch die Schuhe der Rächer, die aus feinen Emufedern hergestellt sind und von daher keine Spuren hinterlassen ... Auch heute noch können Gerüchte über umherstreifende ›gurdaitcha men‹ Aborigines in Angst und Schrecken versetzen, auch wenn die Rächer heutzutage nicht mehr das traditionelle Schuhwerk tragen.« Eine böse bis tödliche Macht wird in diesem schwarzmagischen Zusammenhang auch ausgewählten Kristallen zugesprochen, die den Todgeweihten ebenfalls in die Körper gesungen werden.

Wie tief verwurzelt das *bone pointing* in der Tradition der Aborigines ist, zeigt sich auch anhand eines Weltentstehungsmythos bei den Aranda Zentralaustraliens. Diese hatten die Vorstellung, dass die ersten Menschen, zunächst die Frauen, dann die Männer, aus einer Felsspalte in diese Welt gekommen seien: Von den Männern, die zuletzt auftauchten, heißt es, sie hätten dem Mann gegrollt, der als Erster aus der Felsspalte getreten war, weil dieser sich möglicherweise zu dicht den Frauen genähert hätte. Während der zuerst geborene Mann ein großes Feuer entfachte, deuteten die anderen Männer mit dem Zauberknochen auf ihn. Die Folge: Der Todgeweihte lag zwei Nächte lang reglos am Boden, bis er schließlich verstarb und die anderen ihn östlich der Felssohle begruben. Doch der Tote erwachte wieder zum Leben: Zuerst sah man seine Stirn die Erdkruste durchbrechen, dann Schläfen, Kopf und Hals, bis sein ganzer Kopf aus dem Boden ragte. Lediglich seine Schultern blieben weiterhin in der Erde verborgen. Es ist ein grausamer Vogel, eine Elster, die im weiteren Verlauf dieses kosmogonischen Mythos dafür sorgt, dass der Mann – und damit die Menschheit – keine Auferstehung erfährt und für immer ausgelöscht wird.

So fremd diese Riten und Bräuche der Ureinwohner Australiens für Europäer auch erscheinen mögen, so begegnen wir ähnlichen Formen des Todeszaubers selbst in unserer christlich geprägten Kultur und Tradition. Praktiken, die darauf abzielen, dass eine bestimmte Person zu Tode kommt, hat beispielsweise auch Paracelsus (1493–1541) für möglich gehalten: »Imagination, die wider mich gebraucht wird, mag also streng gebraucht werden, dass ich durch eines anderen Imagination mag getötet werden.« Und im Mittelalter war das sogenannte Mortpetten, das zu Tode Beten (das als Gegensatz zum Gesundbeten aufgefasst werden kann), eine nicht selten angewandte Methode schwarzer Magie. Ein beliebter Text des verbalen Schadenszaubers bildete eine Psalmstelle: »Nur gering sei die Zahl seiner Tage, sein Amt soll ein andrer erhalten. Seine Kinder sollen zu Waisen werden und seine Frau zur Witwe. Unstet sollen seine Kinder umherziehen und betteln, aus den Trümmern ihres Hauses vertrieben. Sein Gläubiger reiße all seinen Besitz an sich, Fremde sollen plündern, was er erworben hat. Niemand sei da, der ihm die Gunst bewahrt, keiner, der sich der Waisen erbarmt. Seine Nachkommen soll man vernichten, im nächsten Geschlecht schon erlösche sein Name« (Ps 109,8ff.).

Literatur: Corinna Erckenbrecht, Traumzeit. Die Religion der Ureinwohner Australiens, Kleine Bibliothek der Religionen, herausgegeben von Adel Theodor Khoury, Band 8, Freiburg/Basel/Wien 1998, S. 142ff.; Theodor Georg Heinrich Strehlow, Aranda Traditions, Melbourne 1947, S. 44f., zitiert nach: Mircea Eliade, Geschichte der religiösen Ideen. Quellentexte, übersetzt und herausgeben von Günter Lanczkowski, Freiburg/Basel/Wien 1993, S. 110f.

Gereinigt und gebündelt – Sekundärbestattungen bei den Aborigines

Stirbt ein Aborigine – gleichgültig ob es sich um einen natürlichen oder einen auf dem Wege der schwarzen Magie herbeigeführten Tod handelt –, geben die Stammesangehörigen ihrer Trauer unverhüllt und intensiv Ausdruck: Die Frauen weinen, schreien und wehklagen hemmungslos. Viele beschmieren sich Kopf, Haare und den Körper mit Asche, flehen den Toten an, zu ihnen zurückzukehren, fügen sich zuweilen tiefe Wunden zu oder hacken sich sogar einzelne Finger oder Zehen ab. Dabei ist es den Aborigines verboten, den Namen eines Verstorbenen auszusprechen. Ein Tabu, das nur durch Zeichensprache oder einen Codenamen überbrückt werden kann: Das Verbot, Verstorbene bei ihrem Namen zu nennen, führt noch heutzutage zu Problemen bei Publikationen, da sich Angehörige dadurch verletzt fühlen könnten. Ja mehr noch: »Hatte ein Mensch das Zeitliche gesegnet, so musste seine irdische Umgebung, sein Lagerplatz und sein Sterbeort von den Geistern befreit werden. Die Habseligkeiten des Verstorbenen, die nicht mit ins Grab gelegt wurden, wurden zu diesem Zweck verbrannt, und mithilfe einer Rauchzeremonie wurde seine letzte Lagerstätte gereinigt. Man zog aus der Gegend fort und mied diesen Ort in Zukunft«, wie die Ethnologin und Kultuwissenschaftlerin Corinna Erckenbrecht herausgefunden hat. Es soll gelegentlich sogar zur Räumung beziehungsweise gänzlichen Zerstörung des Mobiliars durch Feuer gekommen sein. Danach wurde das Haus des Verstorbenen für immer gemieden. Diese und ähnliche Verhaltensweisen und Sitten der Aborigines kollidieren zwangsläufig bis heute mit den anglo-europäischen Gepflogenheiten.

Doch auch die Sekundärbestattungen der Aborigines – seien es nun Erd-, Feuer- oder Luftbestattungen – waren und sind in den Augen vieler weißer Australier gewöhnungsbedürftig. Bei einer Sekundär- oder Zweitbestattung wird der bereits schon einmal bestattete Leichnam nach einer gewissen Zeit, meist nach Ablauf eines Jahres, wieder hervorgeholt. Die verbliebenen Überreste werden säuberlich gereinigt und erneut bestattet. Meistens handelt es sich um Knochen, die mit Fett oder Farbe eingerieben, sortiert, gebündelt und üblicherweise in einem ausgehöhlten Baumstamm oder Ast oder in Felsspalten weiter aufbewahrt werden.

Dies ist ein Verfahren, das auch bei anderen Völkern rund um den Globus Anwendung fand und immer noch findet, beispielsweise bei den Kemak, einer Ethnie von etwa fünfzigtausend Mitgliedern im Norden von Zentraltimor: Die Knochen der Verstorbenen werden ausgegraben, gereinigt und erneut beerdigt, während die Seele des Toten durch rituelle Gesänge des Priesters zum Dorf der Ahnen auf dem Tatamailan, Osttimors höchstem Berg, geführt wird. Die Gesänge können bis zu 14 Stunden dauern. Während des Rituals werden vor allem Wasserbüffel als Tieropfer dargebracht. Die abgeschnittenen Geschlechtsorgane aller Opfertiere werden am Schluss der Zeremonie tief in einen heiligen Hain gebracht und die Ahnen durch ein Lied beschworen, die Seelen der Toten zu den Ahnen zu überführen.

Literatur: Corinna Erckenbrecht, Traumzeit. Die Religion der Ureinwohner Australiens, Kleine Bibliothek der Religionen, herausgegeben von Adel Theodor Khoury, Band 8, Freiburg/Basel/Wien 1998, S. 147ff.; Corinna Erckenbrecht, Traditionelle Religion Australiens, in: Harenberg Lexikon der Religionen. Die Religionen und Glaubensgemeinschaften der Welt. Ihre Bedeutung in Alltag, Geschichte und Gesellschaft, Harenberg Verlag, Dortmund 2002, S. 936f.

Die Religionen Ozeaniens

Warum die Ahnengeister den Weißen helfen und die
Farbigen bestrafen – Der Cargo-Kult in Melanesien
und Neuguinea und die John-Frum-Bewegung

Der Zusammenstoß unterschiedlicher Kulturen kann nicht nur
in gesellschaftlich-politischer, sondern auch in religiöser Hinsicht die seltsamsten Blüten treiben. So führte die Konfrontation
der einheimischen Kultur in Melanesien, speziell aber auf Neuguinea, mit dem europäischen Kolonialismus spätestens seit
Ende des 19. Jahrhunderts zu einer Reihe von neureligiös-syn-
kretistischen Heilserwartungsbewegungen, die man unter der
Bezeichnung Cargo-Kulte zusammenfasst. Das plötzliche Vorhandensein hoch entwickelter Technologien und großer Mengen
industriell gefertigter Waren, die in Schiffs- und Flugzeugladun-
gen ins Land kamen (daher der Begriff *cargo* = Frachtgut) und in
den Besitz der Weißen übergingen, besonders während und nach
dem Zweiten Weltkrieg, gab den Eingeborenen Anlass zu zahlreichen religiösen Spekulationen. In Unkenntnis kapitalistisch-
industrieller Produktionsprozesse vermuteten viele von ihnen,
dass Macht und Reichtum der Kolonisatoren magische Ursachen
hätten. Als Grund für die großen materiellen Unterschiede zwischen Farbigen und Weißen wurde und wird immer noch die
unterschiedliche Einstellung der Ahnengeister gegenüber beiden
Bevölkerungsschichten gesehen. Die Weißen erhalten von den
Ahnen Hilfe und werden von ihnen mit Cargo beliefert. Die Farbigen hingegen sind für ihr angebliches Fehlverhalten in der
Urzeit verurteilt, mit einer unterlegenen Technologie umzuge-
hen. Aus eigenen Kräften können sie den Vorsprung der Weißen
nicht aufholen. Was also tun?

Einige Cargo-Kulte kreisen um die Vorstellung, sich mithilfe der Ahnengeister selbst Cargo anzueignen und die Weißen zu enteignen. Die Begründer der Cargo-Kulte – männliche wie weibliche Propheten oder Führer – verhießen oftmals nicht nur das Erscheinen eines Heilbringers und die baldige Lieferung der begehrten Güter, sondern auch den Weltuntergang (etwa in Gestalt einer großen Wasserflut) oder zumindest das Ende weißer Herrschaft. Sie forderten ihre Anhänger dazu auf, ihr bisher geführtes Leben aufzugeben, bestimmte Riten durchzuführen, ihre Arbeit einzustellen beziehungsweise nur noch für die Bewegung zu arbeiten sowie Vorratshäuser, Landebrücken und -bahnen zu bauen. Was seitens der Weißen wiederum zur Verfolgung der Anführer und Unterdrückung der Cargo-Bewegungen führte, die als Vorläufer nationalistischer Organisationsformen interpretiert wurden.

Wie die Übernahme fremder kultureller Elemente, genauer gesagt, der Versuch einer solchen Adaption, durch die Eingeborenen konkret aussah, zeigen folgende Beispiele: Einige Indigene schnitzten Kopfhörer aus Holz und trugen sie, als würden sie im Flughafentower sitzen. Sie positionierten sich auf den Landebahnen und imitierten die wellenartigen Landungssignale oder entzündeten Signalfeuer und -fackeln an den Landebahnen und Leuchttürmen. Berichtet wird auch vom Bau von Flugzeugmodellen aus Stroh in Originalgröße, die die Einheimischen in einer Art sympathetischer Magie schufen, in der Hoffnung, dadurch neue Flugzeuge anzuziehen.

In neuerer Zeit treten Cargo-Kulte in Melanesien nur noch sporadisch auf, erfreuen sich dann aber vieler Anhänger. Nichtsdestoweniger schwindet die Zahl pazifischer Kultanhänger auf Dauer. Wie jüngste Forschungen ergeben haben, existierten Cargo-Kulte aber bereits zu früheren Zeiten und in anderen Erdteilen, etwa in Afrika und Japan.

Ein besonders illustres Beispiel eines Cargo-Kultes stellt die sogenannte John-Frum-Bewegung auf der Pazifikinsel Tanna

(Neue Hebriden) dar. Im Jahre 1957 kam es sogar zur formellen Konstitution dieser Religionsgemeinschaft, die auf eine treue Gemeinde von rund zwanzig Prozent der dortigen Bevölkerung zählen darf und erstaunliche Gemeinsamkeiten mit dem Christentum aufweist, unter anderem: die Verehrung eines roten Kreuzes in einem Bau, der an eine christliche Kirche erinnert, die Vorstellung, dass die mythische Figur des John Frum (dessen Feiertag, der »John Frum Day«, jedes Jahr am 15. Februar begangen wird) irgendwann dem Messias gleich, einem Vulkankrater entsteige, der Bevölkerung Tannas die versprochenen Güter schenken und sie in eine glorreiche Zukunft führen werde.

Wer verbirgt sich hinter John Frum? Anthropologen meinen, es könnte einer der zahlreichen amerikanischen Soldaten gewesen sein, die um 1940 auf die Insel kamen. Möglicherweise stellte sich einer von ihnen den Tannesen als »John from America« vor, woraus dann John Frum wurde. Vielleicht war es auch ein Mitarbeiter des Roten Kreuzes, der den Insulanern wirksame Medikamente gab. Manche Historiker vermuten, dass dieser mysteriöse Mann gar nicht John hieß, sondern den Einheimischen vielmehr von einem John Brown und seinem Kampf gegen die Sklaverei im Amerika des 19. Jahrhunderts erzählte. Vielleicht handelte es sich aber auch um einen Abtrünnigen der St.-John-Baptisten, der gegen das Joch der Missionare wetterte, wie Dimitri Ladischensky mutmaßt: »Wer auch immer er war: er war eine Verheißung. Oder wurde zu ihr gemacht. Die eigentlichen Triebkräfte des Führerkults waren, wie schon zu Zeiten Jesu, selbst ernannte Propheten, die einen Unbekannten zum übernatürlichen Wesen mystifizierten.«

Wie ein Festtag im Jahre 2005 konkret begangen wurde, schildert der Schriftsteller Guillaume Paoli: »Scharen von Einwohnern versammelten sich in dem Dorf Sulphur Bay, um an einem dort errichteten roten Kreuz auf weißem Hintergrund zu beten, Blumen niederzulegen und Lieder zu singen. Darauf folgte eine Parade, geleitet von zwei Dorfältesten in Offiziersuniformen der

US-Armee. Es marschierte eine mit Bambusgewehren samt rot gestrichenen Bajonetten ausgerüstete Hundertschaft. Auf ihren nackten Oberkörper hatten die Männer die Buchstaben ›USA‹ in roten Lettern gemalt. Die Truppe hielt am hölzernen Abbild eines Luftwaffenstützpunktes samt Flugturm und Radioantennen ... Dann wurde die US-amerikanische Flagge feierlich gehisst, schließlich getanzt und Kava, das heimische Rauschmittel, reichlich verzehrt.«

Literatur: Monika und Udo Tworuschka, Die Welt der Religionen. Geschichte, Glaubenssätze, Gegenwart, Gütersloh/München 2006, S. 332; »Cargokult«, in: Wörterbuch der Religionen, herausgegeben von Christoph Auffarth, Hans G. Kippenberg und Axel Michaels, Stuttgart 2006, S. 88; Christian Kracht/Ingo Niermann, Der Geist von Amerika. Der Cargo-Kult in Tanna, Vanuatu, in New Wave, Köln 2006; Guillaume Paoli, Kult und Ware, in: Scheinschlag, Ausgabe 3, 2005, zitiert nach: www.scheinschlag.de/archiv/2, abgerufen im Mai 2008; Dimitri Ladischensky, Wo bleibt John? In: Mare No. 51, zitiert nach: www.mare. de/mare/hefte/printview, abgerufen im Mai 2008.

Die Religionen Ägyptens

Göttliche Masturbation – Wie der ägyptische
Schöpfergott Atum zum Erzeuger des Götterpaares
Schu und Tefnut wurde

Mythen, nach denen die Welt, aber auch die Götter oder die Menschen durch Zeugungs- beziehungsweise Gebärakte geschaffen wurden, begegnet man nahezu weltweit. Einmalig dürfte jedoch die Vorstellung sein, dass auch die einsame autoerotische göttliche Ekstase schöpferisch sein kann. Die Rede ist von dem altägyptischen Schöpfergott Atum, der nach der ägyptischen Theologie von Heliopolis seinen eigenen Samen verschlang und dadurch zum Erzeuger des Götterpaares Schu und Tefnut wurde. Schu gilt als Gott der Leere, die Personifikation des freien Raumes zwischen Himmel und Erde, und Tefnut als Göttin der Feuchtigkeit. Dass sich hinter diesen Namen ein Wortspiel verbirgt, kommt in einem Text zum Ausdruck, der vom Ausspeien *(schu)* und Aushusten *(tefnut)* spricht, wobei auch aus anderen Texten bekannte Elemente des Schöpfungsmythos wie chaotische Urwasser und Urhügel oder die Einsamkeit des Urgottes anzutreffen sind, wie Susanne Hansen in ihrem Buch über die *Mythen vom Anfang der Welt* herausgefunden hat:

»Als Himmel und Erde am Anfang noch nicht getrennt waren und als es noch überhaupt kein Leben gab, ganz am Anfang also, waren Atum und das Urwasser Nun allein. Aus Nun erhob sich Atum von selbst, hoch wie ein Hügel. Als er seiner Einsamkeit überdrüssig war, verschlang Atum seinen eigenen Samen, befruchtete sich und gebar Schu, den Windhauch, und Tefnut, die Feuchtigkeit. Er gebar sie, indem er sie aus seinem Mund spie. Schu und Tefnut zeugten Geb, die Erde, und Nut, den Himmel.«

Ergebnis des Versuchs, eine rein männliche Schöpfergestalt zu installieren, ist auch Khepera, der Skarabäus- oder Mistkäfer-Gott. Khepera wurde von der ägyptischen Sonnenpriesterschaft verehrt, weil der landläufigen Vorstellung zufolge Mistkäfer allein männlichen Geschlechts waren und sich durch Eier fortpflanzten, die ohne Hilfe von Weibchen in Kotkugeln ausgebrütet würden. Die Kotkugel des Käfers wurde mit der Sonne gleichgesetzt, die Khepera täglich über den Himmel rollt.

Literatur: Monika und Udo Tworuschka, Als die Welt entstand … Schöpfungsmythen der Völker und Kulturen in Wort und Bild, Freiburg/Basel/Wien 2005, S. 90; Herman Kees, Der Götterglaube im Alten Ägypten, Berlin 1977; Susanne Hansen, Mythen vom Anfang der Welt, Augsburg 1991.

Eine Mahlzeit auf den Abendkochherden – Der ägyptische Kannibalenhymnus

Die monumentalen Königsgräber in Pyramidengestalt vermitteln bis heute ein eindrucksvolles Bild vom Sakralherrschertum Ägyptens. Die gewaltigsten Pyramiden sind in der 4. Dynastie für Könige wie Cheops errichtet worden und liegen bei Gizeh, unweit von Kairo, am Westufer des Nils. Zu diesen architektonischen Zeugen des Sakralherrschertums sind in jüngerer Zeit die Pyramidentexte als literarische Quellen hinzugetreten. Sie wurden im Jahr 1881 entdeckt. König Unas, der letzte Herrscher der 5. Dynastie, und die Könige der 6. Dynastie, die das alte Reich beschloss, hatten sie in der Sargkammer und den Gängen und Räumen, die zu ihr führten, anbringen lassen. Die Texte dienten der Sicherung der Unsterblichkeit der Könige und ihrer Aufnahme in die Gesellschaft der Götter, die Verlesung begleitete das Begräbnisritual. Es sind die ältesten Auferstehungstexte der Welt.

Die Pyramidentexte heben den altägyptischen Gottkönig weit über den irdischen Bereich hinaus. In den Sprüchen 273 und

274, dem sogenannten Kannibalenhymnus, findet dies einen gewaltigen, aber auch noch sehr urtümlichen und von grausamen Zügen nicht freien Ausdruck:

»Der Himmel ist wolkenschwer, die Sterne sind verfinstert, das Himmelsgewölbe erbebt, die Knochen des Erdgottes erzittern – nachdem sie König Unas gesehen haben, glänzend und machtvoll als der Gott, der von seinen Vätern lebt und seine Mutter verspeist. Die Herrlichkeit des Königs Unas ist im Himmel, seine Macht im Lichtreich wie die seines Vaters [des Gottes] Atum. Der hat ihn geschaffen, aber er [Unas] ist mächtiger als er. König Unas ist der Stier des Himmels, der einst Mangel litt und sich darum entschloss, von der Gestalt jedes Gottes zu leben, und ihre Eingeweide verzehrte, als sie, den Leib mit Zauberkraft gefüllt, von der Flammeninsel kamen. König Unas ist einer, der wohlversehen ist, der sich die Götter einverleibt hat. König Unas ist einer, der Menschen isst und von Göttern lebt, der Boten besitzt und Befehle erteilt. [Der Gott] Chonsu, der die Herren schlachtet, schneidet ihnen die Kehle für König Unas ab und nimmt ihre Eingeweide heraus, der Keltergott zerlegt sie für König Unas und kocht von ihnen eine Mahlzeit auf seinen Abendkochherden. König Unas ist es, der ihre Zauberkräfte isst und ihre Geister verschluckt. König Unas ist die große Macht, die Macht hat über die Mächte. Wer von König Unas gefunden wird auf seinem Weg, den isst er auf, Stück für Stück. König Unas ist ein Gott, älter als die Ältesten. Nicht werden die Würden des Königs Unas von ihm genommen werden, da er das Wesen jedes Gottes verschluckt hat. Die Lebenszeit des Königs Unas wird die Ewigkeit sein, seine Grenze die Unendlichkeit.«

Der Kannibalenhymnus zeugt offenkundig von einem ungeheuren Machthunger der altägyptischen Gottkönige. Er deutet aber zugleich an, dass diese ihre aristokratischen Gegner und Konkurrenten nicht nur ermorden ließen, sondern obendrein zu verspeisen pflegten, um dadurch vermeintlich im Menschen verborgene mystische Kräfte aufzunehmen. Essen und Trinken bedeuten einen sozialen Akt: Sie sind symbolischer Ausdruck der Einbindung des Toten in eine Tischgemeinschaft, eine Tafelrunde – im Falle des Königs in die Götterwelt.

Literatur: Mircea Eliade, Geschichte der religiösen Ideen. Quellentexte, übersetzt und herausgegeben von Günter Lanczkowski, Freiburg/Basel/Wien 1993, S. 336f.; Internet: www.manu.de//chaos/lexikon/aegypt.htm; Alfred Bahr, Die Entstehung des Glaubens an unsichtbare, übersinnliche Wesen und Mächte, Internet: www.freidenker.ch; Jan Assmann, Tod und Jenseits im Alten Ägypten, München 2001, S. 83.

Bier- statt Blutrausch – Wie die ägyptische Göttin Hathor die Auslöschung der Menschheit vergaß

Normalerweise ist die ägyptische Kuhgöttin Hathor eine wohltätige und mütterliche Figur. Im folgenden Mythos verwandelt sie sich jedoch in eine rachsüchtige, zerstörerische, im wahrsten Sinne des Wortes blutrünstige Göttin, die nur eines im Sinn hat: die totale Auslöschung des Menschengeschlechts. Ein genialischer Trick des Sonnengotts Re und Unmengen von Bier können allerdings das Schlimmste verhindern.

Der Mythos um den zerstörerischen Aspekt Hathors entstammt dem sogenannten Buch der göttlichen Kuh. Eine Inschrift mit einem längeren Auszug aus diesem Werk befindet sich an den Wänden eines Raumes, der sich an die Grabkammer von Sethos I. im Tal der Könige anschließt.

Der englische Anthropologe und Mythenforscher Michael Jordan hat den Mythos der Blut trinkenden Göttin zusammengefasst. Wir beschränken uns hier auf den zentralen Erzählstrang: Als der Sonnengott Re, das Oberhaupt des ägyptischen Götterhimmels, davon erfährt, dass die Menschen ihn stürzen wollen, wendet er sich an Nu, die uranfängliche Kraft, und erinnert diese daran, wie das Menschgeschlecht aus seinen Tränen erschaffen wurde. Auch bittet er Nu um Rat, bevor er zur Vernichtung des gottlosen Menschengeschlechts schreiten will. Nu lässt ihn wissen, dass das »Auge des Re«, Macht- und Gerechtigkeitssymbol in einem, entsprechende Strafmaßnahmen treffen werde. Doch Hathor hat inzwischen bereits einen Großteil der Menschen umgebracht, was Re Anlass zu Sorgen gibt, da dieser nach Vernichtung der Menschheit negative Auswirkungen für die Hierarchie des Götterhimmels fürchtet. Da Hathor sich einen Ruhetag von ihrem Wüten gönnt, nutzt Re die Gelegenheit zur Rettung seiner Nachkommenschaft und beauftragt einen Diener, große Mengen Ockerfarbe aus Assuan zu holen. Seinen Sklaven befiehlt er, diese der Gerste beizumischen und damit so viel Bier wie möglich herzustellen. Insgesamt werden daraufhin siebentausend Fässer des Gebräus vor Hathor ausgekippt, die das vermeintliche Menschenblut auch prompt trinkt und in ihrem Rausch schließlich ihr zerstörerisches Vorhaben vergisst. Wie in vielen Mythen steckt auch in diesem ägyptischen Bier-Mythos ein historischer Kern. Denn gewerbliche Brauerein gab es schon zur Blütezeit der Pharaonen. Bier war nicht nur Nationalgetränk, sondern auch Volksnahrungsmittel und nicht zuletzt Opferspeise im Tempel- und Totenkult. Dabei verlief die Bierherstellung ähnlich wie in Mesopotamien, dem Ursprungsland des Biers, wo beide Handwerke, Bäckerei und Brauerei, einander bedingten und sich überschnitten. Bei rituellen Festen und kultischen Veranstaltungen spielte Bier die Rolle einer bewusstseinserweiternden Droge, galt Trunkenheit für die Ägypter doch als ein erstrebenswerter Zustand, dem nur noch der Rausch der Liebe gleichkam. Trotzdem wurde schon damals vor exzessivem Genuss gewarnt: Der Rausch zerstöre nicht nur die Seele, die Menschen dürften auch ihre Arbeit nicht vergessen.

Dass man dank der berauschenden, die Sinne wirr machenden Wirkung von Bier aber nicht nur Göttinnen besänftigen kann, davon zeugt die altägyptische Literatur, wie Siegfried Schott recherchiert hat: So empfiehlt ein Nekropolenschreiber den Männern, um sich Damen ergeben zu machen: »Statte sie

aus mit Sang und Tanz / und gib ihnen Wein und Bier als Zuga-
be, / so verwirrst Du ihre List / und entgiltst sie für ihre Nacht.«
Ein ähnlicher Text wiederum rät den Frauen: »Der Liebende wird geständig durch Trunkenheit von Bier vielerlei Art.«
Nichtsdestoweniger stellten die alten Ägypter die Liebe über den
Biergenuss: »Küsse ich sie, / und sind ihre Lippen offen, / so froh-
locke ich / auch ohne Bier.«

Literatur: Michael Jordan, Mythen der Welt, aus dem Englischen von Michael
Wallossek, Bern/München/Wien 1997, S. 146f.; Ben Büttner, Robert Schmidt,
Michael Schneider, Bier, 2002, Internet: www.urz.tu-dresden.de, abgerufen im
Mai 2008; Siegfried Schott, Altägyptische Liebeslieder. Mit Märchen und Lie-
besgeschichten, Zürich 1950, S. 58ff.; Orell Witthuhn, Grundnahrungsmittel:
Brot und Bier, Kemet 3/2007, Internet: Kemet.de/Ausgabe/3-2007/Grundnah-
rungsmittel.htm, abgerufen im Mai 2008.

Die Religionen Griechenlands und der Hellenismus

Die heitere Schöpfung aus dem Lachen Gottes – Eine hellenistische Kosmogonie

In seinem Roman *Der Name der Rose* lässt Umberto Eco den alten Bibliothekar von einer Schrift aus Ägypten erzählen, der zufolge die Schöpfung aus dem siebenmaligen Lachen eines Urgotts entstand. Dabei handelt es sich keineswegs um eine poetische Erfindung des italienischen Bestsellerautors. Dieser Welterschaffungsmythos existiert tatsächlich. Er ist uns auf einem Papyrus aus dem vierten Jahrhundert erhalten geblieben. Der Religionswissenschaftler Richard Reizenstein beschreibt diese wundervolle Kosmogonie, die er als typisches »Beispiel für eine Religionsmischung« anführt, in seinem Buch über die hellenistischen Mysterienreligionen wie folgt:

»Ein Urgott schafft durch siebenmaliges Lachen die ersten geschaffenen Götter. Beim ersten Lachen erscheint alldurchleuchtender Lichtglanz, der Gott des Feuers und der Lichtwelt. Beim zweiten allerfüllendes Wasser und der Herrscher des Abgrunds. Beim dritten Nous oder Hermes, beim vierten Genesis, die Göttin aller Zeugung. Beim fünften Lachen Moira als Göttin des Rechts mit der Waage. … Beim sechsten erscheint Aion, griechisch Kronos (also ›Zeit‹) oder Kairos (etwa ›der richtige Moment‹) bezeichnet. Beim siebten Lachen des Urgottes schließlich entstand Psyche und mit ihr die Bewegung. Der Gott sprach: Alles sollst du bewegen und, wenn Hermes dich erfüllt, alles erfreuen. Da bewegte sich alles und wurde mit Lebenshauch erfüllt.«

Unverkennbar haben wir es im Falle dieser Kosmogonie mit einer Mixtur aus griechischen (Hermes, Moira, Kronos), ägyptischen (Nun als Gottheit der Urflut) und altiranischen Vorstellungen (Ahura Mazda als Gott des Feuers und des Lichts) zu tun – ein Synkretismus, der für die hellenistische Religion und Kultur typisch war. Diese breitete sich nach der territorialen Expansion unter Alexander dem Großen (362–331 BCE) aus und wurde durch den Gebrauch der griechischen Sprache und die Hegemonie des griechischen Denkens geprägt.

Dass die Schöpfung aus dem Lachen Gottes, also aus einem spontanen Gefühl der Freude und des Glücks entstanden sein soll, macht das Einzigartige dieses Mythos aus, zumal die Beziehung zwischen Religion und Lachen beziehungsweise Humor eine höchst ambivalente war und immer noch ist. Oftmals gibt es starke religiöse Vorbehalte gegen das Lachen. So übernahm etwa das Christentum die kritische Position gegenüber dem Lachen von griechischen und römischen Philosophen. Die Wächter des idealen Staates sollten nach Platon keine Freunde des Lachens sein. Und Johannes Chrysostomos (gest. 407 CE) behauptete als Erster, dass Jesus niemals gelacht habe. Und tatsächlich: In keinem der vier Evangelien findet sich auch nur ein Hinweis auf ein Lächeln des Gottessohns. Noch der christliche Existenzialist Sören Kierkegaard behauptete, Lachen habe in einer Religion, die das Leiden so sehr betone wie das Christentum, keinen Raum.

Ganz anders der Buddhismus. Man denke nur an die Bilder und Statuen, die den Erwachten nicht nur mit einem meditativ nach innen gerichteten Blick, sondern auch mit leicht nach oben gezogenen Mundwinkeln, mit einem rätselhaft-milden, glückseligen Mona-Lisa-Lächeln zeigen. Nicht von ungefähr bezeichnete Ernst Bloch Buddha als »Lächeln im Schlafkristall«.

Um die These, dass Religiosität und Lachen inkompatibel seien, dass dem Lachen sogar eine anarchisch-subversive, ja teuflische Kraft innewohne, kreist im Übrigen auch *Der Name der*

Rose. Darin eifert der blinde Mönch Jorge gegen Aristoteles' Buch über das Lachen: »Gewiss ist das Lachen dem Menschen eigentümlich, es ist das Zeichen unserer Beschränktheit als Sünder. Aus diesem Buch aber können verderbte Köpfe wie deiner den Schluss ziehen, dass im Lachen die höchste Vollendung des Menschen liege! Das Lachen vertreibt dem Bauern für ein paar Momente die Angst. Doch das Gesetz verschafft sich Geltung mithilfe der Angst, deren wahrer Name Gottesfurcht ist.« Der Mönch befürchtet, dass besagtes Buch eine teuflische Wirkung zeitigen könnte, das heißt, das Lachen zu einer neuen, prometheischen Kunst der Vernichtung der Angst vor dem Tod avancieren könnte.

Literatur: Richard Reizenstein, Hellenistische Mysterienreligionen, zitiert nach: www.pfingstsymposion.de, abgerufen im Mai 2008; »Lachen/Gelächter«, in: Metzler Lexikon Religion. Gegenwart – Alltag – Medien, Band 2: Haar – Osho-Bewegung, Herausgegeben von Christoph Auffarth, Jutta Bernard, Hubert Mohr, unter Mitarbeit von Agnes Imhof und Silvia Kurre, Stuttgart/ Weimar 1999, S. 308ff.

Haloa und Thesmophoria – Entfesselte Frauenfeste zur Förderung der Fruchtbarkeit

Im alten Griechenland gab es Feste, die speziell für Frauen bestimmt waren. Zu ihnen gehörten die Fruchtbarkeitsfeste Haloa und Thesmophoria, bei denen jedoch männliche Geschlechtssymbole von entscheidender Bedeutung waren. Wie man sich diese Feste vorzustellen hat, schildert Judith Rickenbach in ihrem Essay *Der »Phallos« als Ritualobjekt*: »Die *haloa* waren ein Fest zu Ehren der Gottheiten Demeter und Dionysos und wurden am 26. Tag des Monats Posdeon, der etwa unserem Dezember entspricht, gefeiert. Schauplatz war der rund 20 Kilometer westlich von Athen gelegene Ort Eleusis. Dies war wohl kein Zufall, denn in Eleusis hatte die Göttin Demeter den Menschen das erste Weizenkorn geschenkt und sie den Getreidebau gelehrt.«

Obgleich keine Details über diese Zeremonie bekannt sind, ist davon auszugehen, dass es sich um ein Fruchtbarkeitsfest handelte. Statt blutiger Tieropfer darzubringen, griff man auf männliche Geschlechtssymbole zurück. So wurden tönerne *phalloi* von den Frauen in die Äcker gestellt und verehrt: Offenbar ein Analogiezauber par excellence – der Bauch der Frau, in dem nach der Zeugung das Kind heranwächst, und Mutter Erde (die schon für die alten Griechen weiblichen Geschlechts war), in der Pflanzensamen Nahrung und Schutz fanden. Die im Anschluss an die oben genannte Zeremonie abgehaltene Feier soll eine ganze Nacht gedauert haben: »Die Tische waren bedeckt mit Köstlichkeiten, und dem Wein wurde ausgiebig zugesprochen. Je länger das Fest dauerte, umso schlüpfriger und vulgärer wurde die Atmosphäre. Die Frauen durften sich nun eine Art Gegenwelt schaffen: Nicht mehr die von der Männergesellschaft geforderte sittsame und tugendhafte Partnerin war jetzt von Interesse. Endlich konnten die Frauen den ungelebten Seiten ihres Wesens Raum geben und all das ausleben, was ihnen im Alltag verwehrt blieb. Man unterhielt sich in einer anstößigen Sprache, erzählte sich Zotiges und Anzügliches, und die Priesterinnen forderten die Frauen auf, sich heimlich einen Liebhaber zu nehmen.« Nach neueren Erkenntnissen ist davon auszugehen, dass auch die Häteren, sprich die griechischen Prostituierten, an der *haloa* beteiligt waren.

Ein weiteres Frauenfest ist uns unter dem Namen Thesmophoria überliefert. Und auch an diesem spielen Phalli eine wichtige Rolle.

Dieses Fruchtbarkeitsfest fand während dreier Tage statt, und zwar vom 11. bis zum 13. Pyanopsion, also im Oktober. Anders als bei den Haloa durften hier ausschließlich freie Bürgerinnen und verheiratete Frauen teilnehmen. Die Gegenwart von Männern war strikt verboten, wie Judith Rickenbach herausgefunden hat: »An einem der *thesmophoria* vorausgehenden Fest warfen die mit der Zeremonie betrauten Frauen Ferkel und fruchtbarkeitsfördernde Objekte wie Gebäck in Form von Schlangen und *phalloi* in Höhlen und Erdgruben. An den *thesmophoria* wurden die verwesten Überreste nachts von ausgewählten Kultdienerinnen wieder heraufgeholt. Man vermischte sie mit dem Saatgut und verstreute sie auf den Äckern, um das Wachstum anzuregen.«

Den Zeremonien der *thesmophoria*, die von allen Griechen abgehalten wurden, kam eine doppelte Aufgabe zu: zum einen die Fruchtbarkeit der Natur zu begünstigen, zum anderen die Zukunft des Menschengeschlechts zu sichern. Überliefert ist auch, dass die Frauen ihr Menstruationsblut unter das Saatgut mischten, um ihm Leben zu geben.

Literatur: Judith Rickenbach, Der »Phallos« als Ritualobjekt, in: Liebeskunst. Liebeslust und Liebesleid in der Weltkunst, Katalog, Museum Rietberg Zürich 2002, S. 60; Thesmophoria, in: Barbara B. Walker, Das geheime Wissen der Frauen. Ein Lexikon, Herausgeberin der deutschen Übersetzung Dagmar Kreye, Frankfurt a. M. 1993, S. 1086.

Omphalos von Delphi – Wie die Griechen den Nabel der Welt fanden

Der Nabel ist in den Mythen und Glaubensvorstellungen verschiedener Völker das Symbol für das Zentrum der Welt, von dem aus die Schöpfung ihren Anfang genommen haben soll. Und viele Völker – von den Persern über die Chinesen bis hin zu den Japanern – dachten narzisstisch-dünkelhaft, dieser Nabel habe im Zentrum ihres eigenen Siedlungsgebiets gelegen. Berühmt ist vor allem der *omphalos* (griechisch für Nabel) von Delphi, der in der Antike als Nabel der Welt galt. Der zylindrische Stein war zugleich ein Sinnbild für die Verbindung zwischen Götter-, Menschen- und Totenreich.

Der Autor des Buches *Delphi und sein Orakel*, Peter Hoyle, hat zusammengetragen, was die Altertumswissenschaft über dieses Symbol der Mitte heute weiß: »Delphis, der Name, der zu Platons Zeiten gebräuchlich war, ist ein altes Wort für Schoß, und bei steinzeitlichen Menschen galt eine Höhle häufig als ›magischer Schoß, der das Fruchtbarkeits-Totem bewahrte‹. Der früheste Kult war der der Mutter Erde, und eine solche Höhle wäre die gegebene Stätte der Anbetung gewesen. In der Höhle stand vielleicht auch der … Omphalos, den die Delpher so hoch verehrten. Im Apollontempel war der Omphalos der älteste und heiligste Gegenstand. Er galt als Merkzeichen, dass sich hier der Nabel der Welt oder Mittelpunkt der Welt befand, und nahm einen wichtigen Platz im Adyton [heilige Stätte von göttlicher Macht, die nur besonderen Menschen zugänglich ist, Anm. d. Verf.] ein. Durch seine Vermittlung ließ sich die Pythia [die Seherin, Anm. d. Verf.] zum Sprechen bewegen.«

Anderen Mythen zufolge, stellte der Omphalos nicht weniger als die in Kreta abgefallene Nabelschnur des Zeus dar. In unmittelbarer Nähe des Museumseingangs von Delphi stößt man auf einen riesigen eiförmigen Marmorblock. Zur Besichtigung auf der Tempelterrasse postiert, hat ihn unter anderem der griechische Schriftsteller Pausanias im zweiten Jahrhundert CE erblickt, wobei der echte, heilige Omphalos den Massen selbstredend verborgen blieb. Die Kopie weist ein in Stein gemeißeltes Netz geknüpfter Wollfäden auf, das den Omphalos bedeckte. Zu beiden Seiten des Omphalos im Adyon befand sich zudem ein massiv goldenes Adlerpaar, das an die Adler des Zeus erinnern sollte, die von jedem Ende der Welt ausgesandt wurden, den Mittelpunkt der Erde zu suchen, und sich schließlich beim Omphalos getroffen haben sollen.

Ein ähnlicher Weltnabelstein stand in Rom auf dem Forum: der *umbilicus urbis Romae*, der Nabel der Stadt und spätere Mittelpunkt des römischen Imperiums. Auch die phrygische Hauptstadt Gordion wies vergleichbare Heiligtümer auf, ebenso Bagdad. Desgleichen wurde ein Fels namens Schetija im Allerheiligsten des Tempels von Jerusalem als Ort der Weltschöpfung und auch als ideales Zentrum des Erdkreises aufgefasst. Er galt als Grundstein der Weltschöpfung, aber auch als Verschlussstein, der die unterirdischen Wasser des Tehom – der im alttestamentlichen Schöpfungsbericht genannten Urflut, über deren Wasser Gottes Geist schwebte – zurückhielt, wie der Symbolforscher Hans Biedermann weiß: »[Diese] würden der talmudischen Überlieferung zufolge emporströmen, wenn jemand den Stein entfernte. Durch die von ihm verstöpselte Öffnung soll einst das Wasser der ersten Flut in die Tiefe abgeströmt sein. Er befand sich im Fundamentraum des Tempels unter dem Brandopferaltar. An dieser Stelle befindet sich heute der Felsendom von Jerusalem, der für die Muslime als Opferstätte des Erzvaters Abraham gilt, neben der Al-Aksa-Moschee gelegen.«

Im Zusammenhang mit dem archetypischen Bild eines Weltennabels steht auch die bei vielen Völkern anzutreffende Vorstellung einer den Himmel, die Erde und die Unterwelt verbindenden Achse: Die *axis mundi* ist Symbol dafür, dass alle dem Menschen bekannten Ebenen oder Bereiche des Kosmos untereinander in Beziehung stehen und um ein Zentrum angeordnet sind. Die Weltachse hat man sich unter vielerlei Gestalten vorgestellt: als Pfeiler, Baum, hoher Berg, Stab, Lanze, Phallus oder als Lichtsäule. So besteht die Weltachse Platon zufolge aus einem leuchtenden Diamanten. Als Nabel des Himmels galt vielfach der Polarstern, um den die anderen Fixsterne zu kreisen scheinen. Es gab sogar eine Göttin des Mittelpunkts namens Omphale. Der griechische Mythos beschreibt sie als eine Königin von Lydien, die zugleich eine Schöpferin der Zeit war.

Literatur: Peter Hoyle, Delphi und sein Orakel. Wesen und Bedeutung des antiken Heiligtums, Wiesbaden 1968, S. 61, 62, 63, zitiert nach: Hubertus Halbfas, Das Welthaus. Ein religionsgeschichtliches Lesebuch, Stuttgart, Düsseldorf 1983, S. 168f.; Hans Biedermann, Knaurs Lexikon der Symbole, Erfstadt 2004, S. 316f.

Die Mysterienkulte

Eine Welle heißen Blutes –
Die Stiertaufe der großen Mutter Kybele

Im religionshistorischen Zusammenhang hat der Begriff Mysterien eine recht klar umrissene Bedeutung: Er bezieht sich auf eine Institution, die geeignet ist, die Weihe, die Initiation zu gewährleisten. Besonders eindrucksvolle Weihe- und Initiationszeremonien sind uns aus dem Umkreis des ursprünglich in Kleinasien beheimateten Kybele-Kultes überliefert. Kybele, auch Magna Mater genannt, war eine als Erd- und Naturherrin verehrte Mutter- und Fruchtbarkeitsgöttin, die die Natur jedes Jahr zu neuem Leben erweckte. Sie wurde in einem orgiastischen Vegetationskult mit Attis, ihrem ursprünglichen Geliebten, der ihr untreu geworden war und im Gebirge Selbstmord begangen hatte, gefeiert, wobei die Kureten und Korybanten das Fest mit tosender Musik begleiteten und Löwen ihren Wagen zogen. Der Kult kam etwa im 6. Jahrhundert BCE nach Griechenland, wo man als Heimat der Kybele häufig Kreta annahm und die Göttin mit Rheia gleichsetzte.

Die Verehrung der Muttergottheit Kybele verbreitete sich ebenfalls im Römischen Reich. Im Jahr 204 BCE – als der Zweite Punische Krieg Angst und Not mehrte – war ihr Kult als Staatskult in Rom eingeführt worden. Seit Claudius wurde zu Ehren von Kybele ein großes Frühlingsfest (15.–27. März) mit stark zurückgenommenen orgiastischen Zügen gefeiert. Seit dem 2. Jahrhundert CE breitete sich der Kult in den meisten Provinzen des Römischen Reiches aus. Kybele galt auch als Schutzgöttin von Burgen und Städten, worauf die Mauerkrone, die sie in bildlichen Darstellungen vielfach trägt, hindeutet.

Die Weihe vollzog sich durch ein sogenanntes Taurobolium, eine Art Taufe unter einem ausblutenden Stier, der Kybeles sterbenden Gott und Geliebten Attis repräsentierte. Der christliche Dichter Aurelius Clemens Prudentius (348–405) schildert in seinem *Liber Peristephanon* (dt. *Märtyrerpreis*) dieses Taurobolium-Ritual, eine regelrechte Blutdusche. Zu Beginn der Zeremonie wird der zu weihende, prächtig geschmückte und eine Goldkrone tragende Priester in eine tiefe Grube hinabgelassen, über der man einen Holzrost anbringt. Auf diesem bindet man einen ebenfalls schön mit Blumen und Metallplatten geschmückten wilden Bullen: »Dem Ritus gemäß muss das Tier getötet werden, und sie durchstechen seine Brust mit einem heiligen Speer. Die aufklaffende Wunde lässt eine Welle heißen Blutes ausströmen, das sich dampfend auf den Holzrost darunter ergießt und weit verbreitet. Dann regnet der Erguss durch die Tausenden von Öffnungen in den Gittern hernieder wie ein ekelhafter Tau, den der in der Grube eingeschlossene Priester schamlos auffängt, indem er seinen Kopf unter alle Tropfen hält, die seine Kleidung und darunter seinen Körper beschmutzen. Er wirft wahrhaftig sein Gesicht zurück, er bringt seine Wangen auf den Weg des Blutes, hält seine Ohren und Lippen darunter, ebenso seine Nasenlöcher, er wäscht selbst seine Augen mit dieser Flüssigkeit, und er lässt auch seine Kehle nicht aus, sondern befeuchtet seine Zunge und trinkt tatsächlich das dunkle Blut. Nachher, wenn sie überzeugt sind, dass alles Blut herausgeflossen ist, tragen sie den toten Körper von dem Gitter hinweg, und der Hohepriester, fürchterlich in seinem Aussehen, kommt hervor und zeigt seinen nassen Kopf, seinen vom Blut schweren Bart, seine tropfenden Haarbänder und durchweichten Kleider.« Seinem ekelerregenden Anblick zum Trotz, wird der Initiierte von allen Anwesenden begrüßt und verehrt.

Auf dem vatikanischen Hügel, wo sich heute der Petersdom befindet, stand Kybeles Tempel, bis dieser im 4. Jahrhundert CE von den Christen in Besitz genommen wurde. In der Blütezeit der Mysterienkulte gehörte sie gemeinsam mit Hekate und der eleusinischen Demeter zu den führenden Gottheiten Roms. Für römische Kaiser wie Augustus, Claudius und Antoninus Pius stellte Kybele sogar die höchste Gottheit des Reiches dar. Ganz und gar anderer Ansicht waren indes die Kirchenväter. Der heilige Augustinus etwa bezeichnete Kybele als eine Hurenmutter, »die Mutter nicht der Götter, sondern der Dämonen«.

Literatur: Mircea Eliade/Ioan P. Culianu, Handbuch der Religionen, unter Mitwirkung von H. S. Wieser, aus dem Französischen von Liselotte Ronte, Frankfurt a. M. 1990, S. 112f.; Mircea Eliade, Geschichte der religiösen Ideen. Quellentexte, übersetzt und herausgegeben von Günter Lanczkowski, Freiburg/Basel/Wien 1993, S. 243f.; Barbara B. Walker, Das geheime Wissen der Frauen. Ein Lexikon, Herausgeberin der deutschen Übersetzung Dagmar Kreye, Frankfurt a. M. 1993, S. 593f.

Dea Syria – Die syrische Göttin und das orgiastische Schauspiel der Wandereunuchen und Phallussteiger

Eine der phrygischen Kybele ähnliche Muttergottheit mit orgiastischem Hintergrund und einem bedeutenden Tempel war die Dea Syria, die syrische Göttin. Im nordsyrischen Bambyke, dem hellenischen Hierapolis, wo ihr Hauptheiligtum lag, wurde sie als Atagartis zusammen mit ihrem Gatten Hadat, der ihr eindeutig untergeordnet war, hoch verehrt. In der römischen Kaiserzeit wurde sie gelegentlich sogar mit Kybele gleichgesetzt: »Als allumfassende Erd- und Himmelsgöttin, der Fisch und Taube in besonderem Maße heilig waren, vereinigte sie die Züge sowohl der phönikischen Astarte-Aphrodite wie der griechischen Hera… Wie diese [Kybele] trägt sie als Stadtgöttin die Mauerkrone, wie diese verfügt sie als wilde Naturkraft über ein Löwengefolge; und wie diese gebietet sie über eine Priesterschaft …« Im Unterschied zum Kult anderer Göttinnen im syrischen Raum gab es im Zusammenhang mit der syrischen Göttin keine Kultprostitution. Indes gehörten rituelle Selbstkastrationen und ekstatische Selbstgeißelungen zu ihrer Verehrung. Auch Säulenheilige waren Bestandteil ihres Kultes.

Lukian von Samosata, griechischer Satiriker und Rhetor aus dem 2. Jahrhundert, der die ausführlichste Beschreibung ihres Kultes hinterlassen hat, schildert in seinem Werk *De Dea Syria* anschaulich den Tempel der Göttin und den darin stattfindenden Ritus der Phallussteiger. Im Vorhof des Tempels standen, so Lukian, Phallen, die nicht weniger als 180 Fuß hoch waren. Auf diese stieg alle Jahre zweimal ein Priester hinauf, um sich sieben Tage lang auf der Spitze desselben aufzuhalten. Sogar wie der rituelle Aufstieg konkret bewerkstelligt wurde, wusste Lukian zu berichten: »Der Priester umschlingt sich selbst und den Phallus mit einem langen Seil, setzt hierauf die Füße auf eine Art hölzerner Nägel, die in den Phallus getrieben sind und gerade so weit hervorgehen, dass er die Fußspitzen dagegenstemmen kann, und so schiebt und schwingt er sich nach und nach hinauf, indem er immer zugleich die Kette auf beiden Seiten um so viel als er steigt, mit der Bewegung eines Kutschers, der den Pferden die Zügel schießen lässt, in die Höhe wirft. Wer dies nicht gesehen hat, kann sich einen Begriff davon machen, wenn er gesehen hat, wie man in Arabien, Ägypten und anderen Orten auf die Palmbäume steigt. Wenn er oben ist, lässt er einen andern langen Strick, den er bei sich hat, herunter und zieht an demselben Holzwerk, Kleidungsstücke, allerlei Gerätschaften, kurz alles, was er nötig hat, hinauf; vermittelst dieser Dinge macht er sich eine Art von Nest, worin er sitzt und, wie gesagt, sieben Tage lang ausharren muss.«

Über die orgiastischen Feste zu Ehren der phrygischen Göttin, die zeitweise beim exaltierten und popularitätssüchtigen Kaiser Nero in höchstem Ansehen stand, heißt es bei Lukian weiter, dass zu bestimmten Tagen sich das Volk in Scharen zum Tempel begibt, um den Mysterien beizuwohnen, die vor allem die Gallen oder Galli – so der lateinische Name für die entmannten Priester der Kybele – feiern. Unter heiligen, von Flöten und Trommelwirbeln begleiteten Gesängen fügen sie einander allerlei Verletzungen zu: Sie schneiden sich in die Arme und schlagen sich auf den Rücken. All diese Exerzitien finden jedoch nur außerhalb des Tempels statt.»An diesen Tagen wird auch nicht selten der Orden der Gallen mit Neuangehenden vermehrt. Denn während die andern ihre Orgien begehen, teilt sich ihre Schwärmerei, von dem Getöse ihrer lärmenden Musik noch mehr angefacht, öfters auch den Umstehenden mit, und mancher, der nur als Zuschauer gekommen war, nimmt plötzlich selbst an dem Drama teil und spielt sogar eine Hauptrolle dabei. Ein junger Mensch, den diese Tollheit anwandelt, reißt sich auf einmal die Kleider vom Leibe, springt mitten unter die Gallen hinein, ergreift eines von den kurzen Schwertern, die vermutlich schon von vielen Jahren her zu diesem Gebrauch in Bereitschaft gehalten werden, kastriert sich, läuft mit dem, was er sich abgeschnitten hat, in der Hand, in der Stadt herum, und in welches Haus ihm einfällt, es hineinzuwerfen, aus demselben muss er mit weiblicher Kleidung und allem, was zum vollständigen Frauenschmuck gehört, versehen werden. Auf diese Weise verfahren alle, die sich die Operation machen.«

Aber nicht nur als Muttergottheit wurde Dea Syria verehrt. Auch als Himmelsgöttin, als Dea Caelestis, galt sie ihren Anhängern als eine allmächtige und alles erschaffende Gottheit, deren Kult bis in die Spätantike hinein lebendig bleiben sollte.

Literatur: Hans Kloft, Mysterienkulte der Antike, Götter – Menschen – Rituale, München 2003, S. 67ff.

Die römische Religion

Mit schwarzen Bohnen gegen Geister – Wie die Römer die Totenfeste Parentalia und Lemuria begingen

Die Seelen der Verstorbenen stellten ein wichtiges Thema der römischen Religiosität dar. Daher widmeten die alten Römer ihren Verstorbenen, den seligen Verwandten *(divi parentes)* oder *Manen*, zwei Feste: die Parentalia im Februar und die Lemuria im Mai (der Name Mai leitet sich volksetymologisch von *maiores* = Vorfahren ab). Einerseits bekräftigten diese Totenfeste die Bande mit den verstorbenen Familienangehörigen, andererseits wies der Umgang mit diesen auch unverkennbar apotropäische Züge auf, das heißt, man fürchtete sich vor Gespenstern, die Tempel waren zu dieser Zeit geschlossen, Hochzeiten verboten. Vor allem der Monat Mai, in dem die Lemuria stattfanden, galt ursprünglich als Unglück bringender Monat – und keineswegs als ein Wonnemonat der sexuellen Freiheiten wie in den nachfolgenden Jahrhunderten!

»Während des ersten (des Parentalia-Festes) trugen«, wie Mircea Eliade schreibt, – »die Beamten ihre Insignien nicht mehr, die Tempel waren geschlossen, die Feuer auf den Altären wurden gelöscht, und man schloss keine Heiraten mehr. Die Toten kamen auf die Erde zurück und sättigten sich an der auf den Gräbern liegenden Nahrung. Es war aber vor allem die *pietas*, die die Vorfahren besänftigte. Da der Februar im alten römischen Kalender der letzte Monat des Jahres war, hatte er teil am Fließenden, ›Chaotischen‹, das den Zwischenraum zwischen zwei Zeitabschnitten bestimmte. Die Normen waren außer Kraft, die Toten konnten auf die Erde zurückkehren.« Das Ritual der Lupercalia, bei der gemeinschaftliche Reinigungen vorgenommen wurden, fand stets im Februar statt. Dadurch feierte man nicht nur den Beginn des neuen Jahres, sondern auch die Wiedererschaffung der Welt. Doch während dieser drei Tage währenden Feierlichkeiten besuchten die Toten, die *Lemures*, auch die Wohnstätten ihrer Verwandten, was diese zu ungewöhnlichen Riten veranlasste: »Um sie zu besänftigen und daran zu hindern, Lebende mit sich zu ziehen, füllte das Familienoberhaupt sich den Mund mit schwarzen Bohnen und sprach, wobei es die Bohnen ausspuckte, neunmal die Formel: ›Durch diese Bohnen kaufe ich mich los, mich und die Meinen.‹ Schließlich schlug er auf einem Gegenstand aus Bronze Lärm, um die Schatten zu vertreiben, und wiederholte neunmal: ›Manen meiner Väter, weicht von hier!‹ Das rituelle Rückgeleiten der Toten nach ihren periodischen Besuchen auf Erden ist eine in der Welt weitverbreitete Zeremonie.«

Doch warum spielen ausgerechnet (schwarze) Bohnen bei den römischen Totenfesten eine so bedeutende Rolle? Mögliche Gründe dafür könnten ägyptische, besonders aber griechische Vorstellungen sein: So galten Bohnen wegen ihrer blähenden und angeblich aphrodisischen Wirkung bereits bei Priestern als unrein, spielten aber bei den Griechen in Dionysos- und Apollo-Mysterien trotzdem eine große Rolle. Pythagoras verbot indes ihren Genuss, weil sie angeblich die Seelen Verstorbener beherbergten. Auch römischen Priestern war es verboten, Bohnen anzuschauen oder auch nur zu erwähnen, weil sich in ihren Blüten »Buchstaben der Trauer« befänden. Außerdem ist überliefert, dass am Fest der Parentalia die Geister der Verstorbenen, wie oben erwähnt, die Menschenwelt besuchen durften, und Hexen nützten diese gespenstische Zeit angeblich aus, um unter Verwendung von schwarzen Bohnen »böse Zungen« zu binden: Von den Bohnen wurde auch angenommen, dass diese – ähnlich anderen antiken weiblichen Geschlechtssymbolen – kraft ihrer Magie Schwangerschaften hervorrufen konnten, zumal sie den *Manes*, den Geistern der Verstorbenen, die in Urzeiten von der Mondgöttin Mana geboren worden waren, Unterkunft gewährten.

Literatur: Mircea Eliade, Geschichte der religiösen Ideen, Band 2, Von Gautama Buddha bis zu den Anfängen des Christentums, aus dem Französischen von Adelheid Müller-Lissner und Werner Müller, Freiburg/Basel/Wien 1992, S. 107f.; Hans Biedermann, Knaurs Lexikon der Symbole, Erfstadt 2004, S. 73f; Barbara B. Walker, Das geheime Wissen der Frauen. Ein Lexikon, Herausgeberin der deutschen Übersetzung Dagmar Kreye, Frankfurt a. M. 1993, S. 122f.

Die Religion der Germanen

Wenn der Schädel zum Himmel wird – Wie aus Ymir,
dem zerstückelten Riesen, die Welt entstand

Die Religion der Germanen kann als eine der komplexesten und ursprünglichsten Europas gelten. Der Riese Ymir (altnordisch: Zwilling, Zwitter) gilt in der nordisch-germanischen Mythologie als das älteste Lebewesen. Dass die Urbewohner der Welt Riesen waren und schon vor der Entstehung der Welt existierten, gehört zu den Grundüberzeugungen der germanischen Religion. Ymir, ein zweigeschlechtlicher Urzeitriese, entstand aus dem Zusammentreffen von Eis und Feuer. Durch das schmelzende Eis kam auch Audhumbla, die Urkuh, zur Welt, die Ymir mit ihrer Milch ernährte. Doch Ymir war kein langes Leben vergönnt. Die ersten Götter – die Brüder Odin, Vili und Vé – wurden ihm zum Verhängnis. Sie beschlossen, Ymir zu töten, und erschufen, indem sie ihn zerstückelten, die Welt aus seinem Körper: Aus der Haut formten sie die Erde, aus den Knochen die Felsen, aus dem Blut das Meer, aus den Haaren die Wolken und aus dem Schädel den Himmel.

Wie Mircea Eliade herausstellt, erinnert die auf dem Tod und der Zergliederung eines anthropomorphen Wesens begründete Kosmogonie der Germanen an Mythen anderer Religionen und Kulturen: »Die Schöpfung der Welt ist also Ergebnis eines blutigen Opfers; eine archaische und weitverbreitete religiöse Idee, die bei den Germanen wie bei anderen Völkern das Menschenopfer rechtfertigte. Tatsächlich sichert ein solches Opfer – die Wiederholung eines grundlegenden göttlichen Aktes – die Erneuerung der Welt, die Wiederherstellung des Lebens, den Zusammenhalt der Gesellschaft. Ymir war bisexuell: Er zeugte ganz allein einen menschlichen Körper. Die Bisexualität bildet, das weiß man, den Ausdruck der Totalität schlechthin. Bei den Germanen wird die Idee der grundlegenden Totalität durch andere mythologische Traditionen verstärkt, denen zufolge Ymir der Vorfahre der Götter, auch dämonische Riesen schuf (die den Kosmos bis zur End-Katastrophe bedrohen werden).«

Von den drei Brüdern heißt es weiter, sie hätten die Sterne und die Himmelskörper aus ans Muspelheim gesandten Funken geschaffen. (Muspelheim ist in der nordgermanischen Mythologie ein südliches Feuerland, wo der Gott Surt mit flammendem Schwert herrscht.) Auch sollen sie deren Lauf geregelt und so den Rhythmus von Tag und Nacht sowie die Abfolge der Jahreszeiten festgelegt haben.

Nach germanischer Vorstellung war die Erde kreisförmig und von außen von einem großen Ozean umgeben, an dessen Küsten die Götter die Wohnungen der Riesen errichteten. Die Welt der Menschen, die durch eine aus den Wimpern Ymirs geformte Grenze geschützt wurde, errichteten die Brüder im Innern und nannten sie Midhgardh, die Bleibe in der Mitte. Ymir, der germanische Riese, starb, um dem Universum Leben zu geben, wie die amerikanische Mythenforscherin Barbara G. Walker schreibt: »Aber Ymir war nicht wirklich das erste aller Lebewesen. Die Kuh-Mutter Audumla, ›Schöpferin der Erde‹, hatte ihn zum Leben erweckt und genährt.« Und, nicht minder aufschlussreich: »Ymirs Name ist mit dem sanskritischen Yama in Beziehung gesetzt worden. Er war der älteste Unterweltgott, hatte die Erscheinungsform eines Hermaphroditen und galt als Schöpfer alles Lebendigen. So wie Odin eine Variante Indras war, entsprach Ymir dem Yama, den die arischen Stämme bei ihren Wanderungen westwärts in Erinnerung hielten.«

Literatur: Ake von Ström/Haralds Biezais, Germanische und Baltische Religion, Stuttgart/Berlin/Köln/Mainz 1975, S. 242ff.; Mircea Eliade, Geschichte der religiösen Ideen, Band 2, Von Gautama Buddha bis zu den Anfängen des Christentums, aus dem Französischen von Adelheid Müller-Lissner und Werner

Müller, Freiburg/Basel/Wien 1992, S. 139f.; Barbara B. Walker, Das geheime Wissen der Frauen. Ein Lexikon, Herausgeberin der deutschen Übersetzung Dagmar Kreye, Frankfurt a. M. 1993, S. 1180.

Ragnarök, der kosmische Brand – Wie sich die Germanen die Endzeit vorstellten

Die Germanen waren in der letzten Periode des Heidentums sehr um Eschatologie, also um die Lehre von den letzten Dingen bemüht. Das Ende der Welt war integraler Bestandteil ihrer Kosmologie und wies ähnlich apokalyptische Szenarien auf wie etwa in Indien oder in Israel. Das altisländische Lied aus der Edda *Völuspá* – »der Seherin Gedicht«, ihre Vision vom Geschick der Götter, von Schöpfung und Untergang der Erde – und die Paraphrasierung Snorri Sturlusons, des Verfassers der altnordischen Edda um 1230, enthalten dabei die vollständigste und dramatischste Beschreibung des Weltendes, wie Mircea Eliade resümiert:

»Die Moral verfällt und verschwindet, die Menschen töten sich gegenseitig, die Erde bebt, die Sonne scheint nicht mehr, und die Sterne fallen vom Himmel; von ihren Ketten befreit, bekämpfen sich die Ungeheuer auf der Erde; die Große Schlange kommt aus dem Ozean hervor und verursacht katastrophale Überschwemmungen … Eine Horde von Riesen wird in einem Schiff ankommen, das mit den Nägeln der Toten gebaut wurde; andere werden unter dem Kommando des Surtr zu Lande kommen und auf den Regenbogen steigen, um Asgardh, die Bleibe der Götter, anzugreifen und zu zerstören.« Letzten Endes kommt es zum Showdown zwischen Göttern und Helden einerseits und dem Heer der Ungeheuer und Riesen andererseits. Thor, der altgermanische Gott des Donners, der Winde und der Wolken, besiegt zwar die (kosmische) Midgardschlange, wird dabei jedoch von dieser vergiftet und stirbt ebenfalls. Odin beziehungsweise

Wodan, der Herr der Götter und Menschen, Künder der höchsten Weisheit und siegreicher Kämpfer, wird von Fenrir, dem gefährlichsten aller Dämonen in Wolfsgestalt, verschlungen. Doch Odins Sohn, Vidar, besiegt wiederum kurz darauf den Fenriswolf. Heimdallr, der strahlende Wächter der Götter, und Loki, eine Gestalt der nordgermanischen Mythologie, die im Grenzbereich zwischen Göttern und Dämonen steht, töten sich gegenseitig im Kampf. Schließlich finden alle Götter und ihre Feinde den Tod – mit einer einzigen Ausnahme: Surtr, »der Schwarze«, Herr über Muspelheim und letzter Überlebender, der den Weltbrand entfacht, bis der Ozean die Erde verschlingt, der Himmel einstürzt und alles Leben ausgelöscht wird.

Trotzdem kehrt zum Schluss wie durch ein Wunder alles wieder, bricht ein neues Weltalter an: Die durch das Feuer vernichtete Erde taucht aus dem Meer empor – grün, schön, fruchtbar, vom Leiden gereinigt –, eine neue, wie nie zuvor leuchtende Sonne nimmt ihren Lauf am Himmel auf, und die Menschheit bekommt eine neue Chance.

Literatur: Ake von Ström/Haralds Biezais, Germanische und Baltische Religion, Stuttgart/Berlin/Köln/Mainz 1975, S. 246ff.; Mircea Eliade, Geschichte der religiösen Ideen, Band 2, Von Gautama Buddha bis zu den Anfängen des Christentums, aus dem Französischen von Adelheid Müller-Lissner und Werner Müller, Freiburg/Basel/Wien 1992, S. 149ff.

Die Religion der Kelten

Geheimnisvolles Avalon – die Suche nach der Anderswelt –
Unsterblichkeitsglaube und Seelenwanderung
bei den Kelten

Den Zeugnissen der klassischen Schriftsteller zufolge glaubten
die Kelten – die zu den bedeutendsten und zugleich rätselhaftesten Völkern des alten Europa gehören und deren Kulturraum
Anfang des 3. Jahrhunderts von der Iberischen Halbinsel über
Irland und England bis nach Anatolien reichte – fest an die Wiedergeburt, das heißt nicht nur an die Unsterblichkeit der Seele,
sondern auch an eine postmortale Existenz in neuen Körpern. So
lesen wir bei Diodor, dem griechischen Geschichtsschreiber im
1. Jahrhundert BCE: »Die Seelen der Menschen sind unsterblich,
und nach einer bestimmten Anzahl von Jahren führen sie ein
weiteres Leben, wenn die Seele in einen anderen Körper eingeht.« Auch Julius Cäsar spricht in seinem Werk über den gallischen Krieg *De bello Gallico* davon, dass die unsterblichen Seelen
nach dem physischen Tod »von einem Körper zum andern« gingen. Und der römische Dichter Lukan lässt die Druiden sogar
versichern, dass die Seelen nicht im blassen, stillen Totenreich
landeten, sondern »mit einem neuen Körper der Geist in einer
anderen Welt herrsche«.

Philostratus von Tyana, der Biograf des griechischen Neupythagoreers Apollonios von Tyana, berichtete, dass die Kelten
glaubten, man müsse in der »Anderswelt« – so nannten die Kelten ihre mythische Jenseitswelt –, sterben, um in dieser Welt
geboren zu werden, und umgekehrt, dass man in die Anderswelt
geboren werde, wenn man in der diesseitigen Welt starb. Kurzum: Der Tod scheint bei den Kelten nur eine Durchgangsstation

aus einem Sein ins andere gewesen zu sein, wie Sylvia und Paul F. Botheroyd in ihrem *Lexikon der keltischen Mythologie* festhalten: »Der physische Tod löst die Seele, die Lebensimpulse oder Essenz der Menschen aus dem individuellen Leben heraus …, die nun eine Zeit als Teil des ganzen, unendlichen, potenziellen Lebens verbringt, bevor sie wieder einen individuellen Körper und damit ein eigenes Schicksal annimmt.«

Gerade die Inselkelten pflegten einen ganz selbstverständlichen Umgang mit der Reinkarnationsidee, wobei besonders die Metamorphosen übernatürlicher Persönlichkeiten mit einer echten Wiederverkörperung als Mensch abschlossen. Berichtet wird auch von Menschen und Göttern, die als Tiere wiedergeboren wurden. Über die Verstorbenen heißt es, sie fänden sich auf den Inseln der Anderswelt wieder, und zwar mit vollkommenen, jugendlich-schönen Körpern, die weder von Alter noch von Krankheit, Verfall oder Tod gezeichnet sind.

Glaubt man dem englisch-walisischen Geschichtsschreiber Geoffrey von Monmouth (um 1100–1154), dessen legendenartige *Historia regum Britanniae* die Hauptquelle für die Artusdichtung darstellt, dann ist Avalon – jene Insel, auf die Morgane den tödlich verwundeten König Artus bringt, um ihn zu heilen – identisch mit der walisischen Ynys Avallach, der Apfelinsel: eine gen Sonnenuntergang gelegene Insel, auf der paradiesische, schlaraffenlandähnliche Zustände herrschen. Dort werden die Menschen unter der Obhut der Fee Morgane und ihrer neun Schwestern bei voller Gesundheit über hundert Jahre alt. Mit den Worten des bedeutenden Keltologen Georges Dottin (1863–1928): »Es gibt eine Insel in weiter Ferne; um sie herum die prächtigen Rosse des Meeres … Weder Leid, noch Trauer, weder Tod, noch Krankheit oder Siechtum … selten wurde ein solches Wunder geschaut. Schönheit einer Erde voller Zauber, unvergleichlich sind ihre Nebel … Reichtümer, Schätze aller Art birgt dies stille Land, frische Pracht, die von sanfter Musik widerhallt bei herrlichstem Wein …«

Im Gegensatz zu den Dichtern, die keine exakten geografischen Angaben zu Avalon machen, gehört die Insel nach Ansicht der Mönche der Abtei Glastonbury zum britischen Territorium. Denn im Jahr 1191 machten sie auf ihrem Friedhof eine merkwürdige Entdeckung: Sie fanden einen Baumsarg oder Totenbaum – das heißt einen Sarg, der wie ein Einbaum aus einem Stück Baumstamm hergestellt wurde, das man längs spaltete und aushöhlte – mit einem weiblichen und einem männlichen Skelett. Auf dem Deckel waren ein Kreuz sowie eine Aufschrift erkennbar: »Hier liegt der berühmte König Artus mit seiner zweiten Frau Ginevra auf der Insel Avalon begraben.« Hinzu kommt, dass die drei Hügel südwestlich des Stadtkerns von Glastonbury (Tor, Chalice und Wearyall) tatsächlich eine Insel inmitten einer breiten See- und Sumpflandschaft bilden, aus der zuweilen die berühmten Nebel von Avalon aufzusteigen scheinen.

Wie archäologische Funde nahelegen, war der markanteste der besagten drei Hügel ein Kultzentrum der großen Muttergottheit, und Spuren einer heidnischen Anlage auf dem Gipfel könnten durchaus auf ein druidisches Kollegium hindeuten. Joseph von Arimathea – der Anhänger Jesu, der dessen Leichnam vom Kreuz genommen und beigesetzt hatte – soll den Abendmahlskelch unter dem »Chalice Hill«, dem Kelch-Hügel vergraben und der Mutter Gottes (der christianisierten Großen Mutter) die erste Kirche Britanniens errichtet haben.

Besondere Bedeutung gewann Avalon aber nicht zuletzt als eine der vielen Inseln der keltischen Anderswelt. Was hat es genau mit dieser Anderswelt auf sich? Im Unterschied zu anderen Völkern dachten die Inselkelten sie nicht als abgesonderte Sphäre unter der Erde oder in himmlischen Gefilden, sondern ganz im Hier und Jetzt. Dergestalt ist die Anderswelt in den Sagen überall und nirgendwo, wie Sylvia und Paul F. Botheroyd betonen: »Die Menschen leben mitten in ihr, auch wenn sie sie normalerweise mit ihren sterblichen Augen nicht wahrnehmen. Genauso sind die Toten den Lebenden sehr nahe, auch wenn sie sich gewöhnlich nicht mit deren Angelegenheiten befassen. Einmal im Jahr, zu Samhain, fallen die Konventionen, und die beiden Welten begegnen sich ungehindert. Individuen gelingt der Wechsel von der einen zur andern jederzeit, denn Sterbliche können sich in Unsterbliche verlieben und umgekehrt.«

Den Eingang zur Anderswelt bilden vor allem Höhlen, Seen und Quellen, manchmal genügt auch nur ein Wind, ein Nebel oder eine Wasserfläche als Schnittstelle zwischen Dies- und Jenseits. Bevorzugte Aufenthaltsstätten von Andersweltgestalten sind Megalith-Hügel, Inseln, abgeschiedene Bergtäler sowie weite Ebenen, wobei sich manche Feenpaläste unter der Erde oder der Wasseroberfläche befinden. Doch auch wenn diese Welt im Großen und Ganzen von nie endender Glückseligkeit, von Frieden und Harmonie gekennzeichnet ist, bleibt sie widersprüchlich, denn, so Sylvia und Paul F. Botheroyd: »Eine ganze Reihe von Orten verschiedener Namen bezeichnet sie, aber grundsätzlich gibt es nur die eine, Dutzende von Fürsten und Fürstinnen regieren darin, aber letztlich ist ihr alleiniger Herrscher der große Dagda, der ursprüngliche Sonnen- und Ahnengott, der beim ›Festmahl der Anderswelt‹ den Vorsitz führt. Sie ist nicht zeitlos, aber die Dauer ihrer Zeit richtet sich nicht nach Konventionen und Erfahrung. [...] Sie ist das Land der Lebenden und der Toten, der Ahnen und der ewigen Jugend, der schönen Frauen und der großen Männer. Sie ist der Born aller Weisheit.«

In der Anderswelt lernen nicht nur die Helden ihre magischen Fertigkeiten, auch die Dichter und Druiden holen sich aus ihr Inspiration und Zauberkraft. Sie ist der Ort absoluter Wahrheit, aber auch der Ort unbegrenzter Möglichkeiten. So besitzt der Gott Dagda nicht von ungefähr den Kessel der Fülle und die Keule, die zugleich beleben und töten kann. Als Beherrscher jeden Handwerks und aller Künste, als Erzeuger und Fruchtbarmacher vermag er vieles in der realen Welt zu manifestieren, holt es nach einer gewissen Zeit jedoch wieder in die Anderswelt, gleichsam in die Gesamtheit aller Möglichkeiten, zurück.

Literatur: Alexander Demandt, Die Kelten, München 2005; Bernhard Maier, Lexikon der keltischen Religion und Kultur, Stuttgart 1994; Sylvia und Paul F. Botheroyd, Lexikon der keltischen Mythologie, München 1995; Reisen in die Anderswelt. Die Kelten. Mythen der Menschheit, aus dem Englischen übertragen von Hans Heinrich Wellmann, Hamburg 1997; Juliette Wood, Die Kelten. Weisheit und Mythos, Köln 2000; Jean Markale, Die Druiden. Gesellschaft und Götter der Kelten, aus dem Französischen von Béatrice Bludau und Wieland Grommes, Darmstadt 2005; Angus Konstam, Die Kelten. Von der Hallstatt-Kultur bis zur Gegenwart, aus dem Englischen von Mathias R. Hofer, Wien 2005; Richard Reschika, Die Weisheit der Kelten, Kreuzlingen/München 2006.

Zähne gelber als die Ginsterblüte –
Wie sich die Kelten die Todesbotin vorstellten

Wie kann oder soll man sich die Gottheit, das Numinose vorstellen? Der unbändige Bilderhunger konnte zu keiner Zeit richtig gestillt werden. Was für das große Mysterium des Göttlichen zutrifft, gilt selbstredend auch für den Tod: der Tod als süße Erlösung bringender Seraphim oder als der schauerlich aufs Skelett reduzierte, zum letzten Reigen aufspielende Sensenmann, als Freund Hein, der Jungfrau unter den Rock greifend, als Madame La Mort in lasziver Pose. Der Bilder sind unendlich viele.

Eine besonders drastische, in ihrer Hässlichkeit wohl kaum zu übertreffende Darstellung des sich ankündigenden Todes haben uns die Kelten hinterlassen. Wir folgen hier der Beschreibung von Wolfgang Krause aus seinem Kelten-Buch von 1928: »Da sahen sie ein kraushaariges, schwarzes Mädchen in ihre Mitte kommen auf dem Rücken eines falben Maultieres, raue Riemen in der Hand, um das Tier anzutreiben. Rau und unlieblich war ihr Aussehen: Gesicht und Hände schwärzer als das schwärzeste, pechüberzogene Eisen. Und doch war ihre Hautfarbe noch nicht das Hässlichste an ihr, vielmehr ihre Gestalt: Die Wangenknochen saßen überhoch, während ihr Gesicht nach unten zu übermäßig lang war. Die Nase kurz mit auseinanderstehenden Nasenlöchern. Das eine Auge war scheckig, grau und durchbohrend, das andere schwarz wie Teer und tief in ihrem Kopfe liegend. Die Zähne lang und gelb, gelber als die Ginsterblüte. Der Bauch ragte über das Brustbein hinaus, höher als ihr Kinn. Ihr Rückgrat war wie ein Krummstab. Die Hüften waren breit und knochig. Von da an abwärts war sie ganz dürr, mit Ausnahme ihrer dicken Füße und Knie.«

Zweifellos haben wir es bei der keltischen Todesbotin mit dem Paradebeispiel einer »Ästhetik des Hässlichen« (Karl Rosenkranz) zu tun. Denn sie verkörpert nahezu mustergültig alle Formen des Formlosen, als da wären: Gestaltlosigkeit (Amorphie), Ungestalt (Asymmetrie) und Misseinheit (Disharmonie) – und damit das genaue Gegenteil des Schönen, das sich in seiner abstrakten Grundstimmung als harmonische Einheit darstellt.

Die Botin des Todes ist auch bei den Kelten nicht mit dem Tod selbst zu verwechseln. Man fühlt sich an griechische Vorstellungen erinnert: Diese unterschieden, wie es Gotthold Ephraim Lessing in seiner berühmten Abhandlung *Wie die Alten den Tod gebildet* darstellt, die traurige Notwendigkeit, sterben zu müssen, vom Tode selber. So dachten sie sich Ker, den Dämon der Verderbnis und des Todes, als ein grauenvolles, gefräßiges Weib mit hässlichen Zähnen und krallenbewehrten Händen, den Tod aber als anmutigen Genius, der die gesenkte Fackel verlöscht, als den Bruder des Schlafes.

Literatur: Wolfgang Krause, Die Kelten. Religionsgeschichtliches Lesebuch 13 (Hg. Alfred Bertholet), Tübingen 1928, S. 25, zitiert nach: Mircea Eliade, Geschichte der religiösen Ideen. Quellentexte, übersetzt und herausgegeben von Günter Lanczkowski, Freiburg/Basel/Wien 1993, S. 134.

Die Religionen Mesopotamiens

Die trunkenen Gottheiten Enki und Ninmah – Die Entstehung des missratenen Menschengeschlechts

Mesopotamien, das »Land zwischen den Strömen« Euphrat und Tigris, in denen die Stadtstaaten und Reiche der Sumerer, Babylonier und Assyrer lagen und das heute größtenteils zum Irak gehört, wird zumindest in Europa als »Wiege der Zivilisation« bezeichnet. Und dies zu Recht, kann es doch auf rund fünftausend Jahre alte Kulturen zurückblicken, die auch eine Fülle an Mythen hervorgebracht haben, unter anderem die Legende um das Treiben der trunkenen Gottheiten Enki und Ninmah – wohl eine der originellsten weltweit.

Die früheste schriftlich niedergelegte Fassung des mesopotamisch-sumerischen Mythos um die Schaffung eines missratenen Menschengeschlechts durch vollkommen betrunkene Gottheiten lässt sich auf etwa 2000 BCE datieren. Es ist die Zeit kurz nach dem Untergang der Dritten Dynastie von Ur. Die Forschung geht aber davon aus, dass er seinen Ursprung in einer viel älteren Überlieferung hat, zumal die Namen der Gottheiten bereits in Inschriften aus der Zeit um 3500 BCE auftauchen. Zwei Textexemplare sind uns erhalten geblieben. Eines davon befindet sich im Besitz der University of Pennsylvania, das andere im Louvre.

Im Mittelpunkt des Mythos von der Schöpfung der behinderten Menschen steht Enki, ein sumerischer Gott, dessen Name »Herr der Erde« bedeutet. Er gilt als Sohn der Göttin Namnun und des Himmelgottes An, war göttlicher Herrscher des Süßwassers und verkörperte die Weisheit. Sein Haupteiligtum befand sich in der Stadt Eridu, deren Vormachtstellung er sicherte. Enki wurde eine Schwäche für Bier und ein starker Geschlechtstrieb nachgesagt. Seine Unersättlichkeit soll für die Not der Menschen auf der Erde verantwortlich gewesen sein. Denn Enki brachte den Menschen als Wassergott nicht nur die Fruchtbarkeit der Felder, sondern ebenso Überflutungen, Zerstörungen, Krankheiten und Tod. Enkis Bruder Enlil soll laut dem Gilgamesch-Epos der Verursacher der Sintflut gewesen sein.

Folgende Zusammenfassung des Mythos stammt von dem englischen Anthropologen und Mythenforscher Michael Jordan: »Die Götter haben Schwierigkeiten, Essen zu bekommen. Der Weisheitsgott Enki schläft fest, und so hört er ihr Murren nicht. Doch seine Mutter Nammu, die Apotheose der Urgewässer, bringt ihm das Problem nahe und fordert ihn auf, geeignete Diener für die Götter zu machen. Enki legt dar, wie die Menschheit aus Flussschlamm zu erzeugen sei, und ein Fest wird vorbereitet, das den feierlichen Rahmen dafür abgeben soll. Enki und die Geburtshilfegöttin Ninmah sind zwar vollkommen betrunken, aber mit ihren Helfern holt sie Tonerde von oberhalb des Weltenabgrunds, um daraus sechs Arten von Menschen zu formen, während Enki deren Geschick bestimmt.«

All diese Menschen kommen mit schweren, schwersten Behinderungen zur Welt: einer, dessen Glieder vollkommen steif sind, ein zweiter, der blind ist, ein dritter, der lahmt, ein vierter, aus dessen Penis die Samenflüssigkeit tropft, ein fünfter, dieses Mal eine Frau, die unfruchtbar ist, und eine sechste Kreatur, die keinerlei Art von Geschlechtsorganen aufweist. Schließlich wird Enki dazu überredet, eigenhändig noch einen siebten Menschen zu formen. Aber auch dieser Versuch misslingt kläglich, denn heraus kommt lediglich eine kraftlose Kreatur, die keinerlei Reaktion zeigt. Eine solche Missgeburt auf die Welt gebracht zu haben, veranlasst Ninmah dazu, Enki zu verfluchen. Letzterem gelingt es aber im Nachhinein, die Geburtshilfegöttin zu beruhigen.

Doch Enki ist nicht nur der böse Demiurg eines verunglückten Menschengeschlechts. Er ist zugleich der durchtriebene Gott der Bewässerung, der Menschen geholfen hat, Techniken zu entwickeln und die zu ihrer Vernichtung gesandte große Sintflut zu überleben.

Literatur: Michael Jordan, Mythen der Welt, aus dem Englischen von Michael Wallossek, Bern/München/Wien 1997, S. 65; Mircea Eliade, Ioan P. Culianu, Handbuch der Religionen, unter Mitwirkung von H. S. Wieser, aus dem Französischen von Liselotte Ronte, Frankfurt a. M. 1990, S. 145.

»Spiele mit unseren Brüsten« – Tempelprostitution in Babylonien

»Das Schlagen deines Herzens ist mir die Musik der Freude. Steh auf, ich will dich lieben. In deinem weichen Schoß des Morgenschlummers ist deine Liebkosung süß, blühend ist deine Frucht. Mein Bett vom [Holz des] Weihrauchbaumes ist mit Ballukku-Substanz parfümiert. [Bei der] Tiara unseres Kopfes, den Ringen unserer Ohren, den Hügeln unserer Schultern und der Fülle unserer Brüste, dem Sinsinu-Schmuck unserer Hände, dem Huduschu-Schmuck unserer Hüfte, strecke aus deine linke Hand und berühre unsere Vagina, spiele mit unseren Brüsten, ich habe (meine) Schenkel gespreizt.« Die unerhört offenen Zeilen dieses babylonischen Liebeslieds stammen aus der 1. Hälfte des 2. Jahrtausends BCE und werden von einer Frau gesungen, die von sich auch in der ersten Person Plural spricht.

Sexuelle Aktivität, die von Frauen als kultische Verpflichtung und zum Nutzen des jeweiligen Tempels zu Ehren der dort verehrten Gottheit ausgeübt wurde, bezeichnet die Forschung ganz allgemein als Tempelprostitution. Der rituell von Priesterinnen oder Tempeldienerinnen vollzogene Sexualakt sollte im Altertum – vor allem in Indien, Ägypten, Mesopotamien, aber auch auf Zypern – die Fruchtbarkeit in ganz umfassendem Sinne garantieren. Trotzdem bleibt das Phänomen der Tempelprostitution in der Forschung umstritten, was nicht zuletzt mit der dürftigen Quellenlage zusammenhängt, auch wenn archäologische Ausgrabungen zu Beginn des 20. Jahrhunderts diese zu bestätigen scheinen.

Die einzige schriftliche Quelle, die explizit auf den Brauch der Tempelprostitution verweist, finden wir bei dem griechischen Geschichtsschreiber Herodot (ca. 485–424 BCE) im ersten von insgesamt neun Büchern (Kap. 199) seines umfangreichen Werkes. Die Stadt Babylon, von der Herodot spricht, liegt im südlichen Zweistromland. Wie nicht zu verkennen ist, spricht Herodot mit einer gewissen Abscheu über diesen Brauch der Altorientalen, die in den Augen der Griechen ja lediglich Barbaren, das heißt Ungebildete, Rohe und Grausame waren:

»Nun kommt aber der hässliche Brauch bei den Babyloniern. Jedes Weib des Landes muss ein Mal in ihrem Leben bei dem Tempel der Aphrodite sich niedersetzen und von einem Fremden sich lassen beschlafen. Viele, die sich mit den andern nicht wollen gemein machen, weil sie sich auf ihr Geld was einbilden, fahren nach dem Heiligtum in bedeckten Wagen und haben hinter sich eine zahlreiche Dienerschaft. Die meisten aber tun also: Sie sitzen in dem heiligen Hain der Aphrodite und haben einen Kranz von Stricken um den Kopf, eine Menge Weiber; denn die kommen und andere gehen von dannen. Und mitten zwischen den Weibern durch gehen schnurgerade Gassen nach allen Richtungen. Da gehen denn die Fremden und lesen sich eine aus. Und wenn ein Weib hier einmal sitzt, so darf sie nicht eher wieder nach Hause, als bis ein Fremder ihr Geld in den Schoß geworfen und sie beschlafen außerhalb des Heiligtums. Wenn er das Geld hinwirft, so muss er sprechen: im Namen der Göttin Mylitta; Mylitta heißt nämlich bei den Assyriern Aphrodite. Das Geld mag nun so viel sein, als es will: Sie darf es nicht verschmähen; das ist verboten, denn das ist geweihtes Geld. Und mit dem erstbesten, der ihr Geld hinwirft, mit dem muss sie gehen, und darf keinen abweisen. Wenn sie sich nun hat beschlafen lassen und sich dadurch der Göttin geweiht, so geht sie wieder nach Hause, und fortan kann man ihr noch so viel bieten, sie tut's nicht wieder. Die nun hübsch aussehen und wohl gewachsen sind, die kommen bald wieder nach Hause; die hässlichen aber müssen lange Zeit da bleiben und können das Gesetz nicht erfüllen, ja manche bleiben wohl drei bis vier Jahr. An einigen Orten auf Kypros herrscht ein ähnlicher Brauch.«

Für die Praxis der Tempelprostitution in Mesopotamien spricht aber auch der Kult um Ischtar, eine der ranghöchsten Gottheiten in der altorientalischen Götterwelt. Als Göttin der Liebe, der Sexualität und der Fruchtbarkeit verkörperte sie die Lebenskraft, und zu ihrem Gefolge gehörten auch Prostituierte. Ja, Ischtar selbst wurde zuweilen als Prostituierte bezeichnet. Hinzu kommt, dass die Prostitution in Mesopotamien keineswegs in die Heimlichkeit abgedrängt, sondern gesellschaftlich akzeptiert wurde. Den Umgang mit Dirnen pflegte man auch in der Oberschicht, und es ist dokumentiert, dass junge Frauen vor der Ehe mit Wissen ihrer Familien zeitlich befristet der Prostitution nachgehen durften.

Im Heidentum nahmen Prostituierte im Allgemeinen eine wichtige Stellung ein: Als Verkörperungen der Himmelsgöttin wurden sie in den Bildungszentren Griechenlands und Kleinasiens sogar wie Königinnen verehrt. Kaiserin Theodora, die Ehefrau Justinians, begann ihre Karriere als Tempeldirne, und auch Helena, die Mutter Konstantins des Großen, war Prostituierte, ehe sie zur Kaiserin und Heiligen wurde. Erst das Christentum machte den Beruf verächtlich. Daran sollte auch Thomas von Aquin nichts ändern, der behauptete, Prostitution sei notwendig, um die Menschen vor Homosexualität und Sodomie zu schützen.

Literatur: Die Geschichten des Herodotos, Erster Teil, Erstes Buch, Kap. 199, Klio, übersetzt von Friedrich Lange, Berlin 1811; Judith Rickenbach, Die Tempelprostitution in Mesopotamien, in: Liebeskunst. Liebeslust und Liebesleid in der Weltkunst, Katalog, Museum Rietberg Zürich, 2002, S. 19f.; Volkert Haas,

Babylonischer Liebesgarten. Erotik und Sexualität im Alten Orient, München 1999; Wolfgang Fauth, Sakrale Prostitution im Vorderen Orient und im Mittelmeerraum, in: Jahrbuch für Antike und Christentum 31, 1988, S. 24–39; Barbara B. Walker, Das geheime Wissen der Frauen. Ein Lexikon, Herausgeberin der deutschen Übersetzung Dagmar Kreye, Frankfurt a. M. 1993, S. 886.

Der Zoroastrismus

Heilige reine Flamme – Der exklusive Feuerkult der Parsen

Vielen Völkern gilt das Feuer – trotz seiner offensichtlichen Zerstörungskraft – als heilig, reinigend und erneuernd. »Alle Religion ist Feuerkult«, behauptete in diesem Sinne zu Recht Oswald Spengler in seinen *Urfragen*. Die griechische Naturphilosophie sah im Feuer gar den Ursprung allen Seins, zumindest aber eines der Elemente, aus denen sich die Welt zusammensetzt, das sie strukturiert. Im Gegensatz zum Wasser, dem verschiedentlich der Ursprung aus der Erde zugeschrieben wurde, betrachtete man das Feuer als vom Himmel kommend. Aus diesem Grund steht es häufig in Verbindung mit der Sonne, dem Licht und dem Blitz, aber auch mit der Farbe Rot, dem Blut und dem Herzen. Nicht selten wurden Feuergottheiten verehrt, beispielsweise Agni in Indien oder Hestia in Griechenland. In China kannte man gleich mehrere Feuergötter. Auch in der Bibel begegnen wir verschiedenen Bildern, in denen Gott oder Göttliches durch das Feuer symbolisiert wird: So erscheint Gott im Alten Testament als Feuersäule oder in einem brennenden Dornbusch, und im Neuen Testament, besonders in der Apokalypse des Johannes, werden Feuerräder und Feuer speiende Tiere erwähnt. Zahlreichen Völkern gemeinsam ist außerdem die apotropäische Rolle, die das Feuer spielt. Man denke nur an das Herdfeuer der Germanen, das nie ausgehen durfte, um die bösen Geister zu vertreiben.

Einen regelrechten Feuerkult mit eigens dafür geschaffenen Feuerheiligtümern betreiben bis heute die Parsen, Anhänger des Zoroastrismus, einer altiranischen Universalreligion. Sie wurden schon von dem griechischen Geschichtsschreiber Herodot als »Feueranbeter« bezeichnet.

Ursprünglich aus Persien kommend, woher sich ihr Name ableitet, flohen die Parsen nach Indien, um ihrer Verfolgung durch die Muslime zu entkommen. Begründer der Lehre ist Zarathustra, weshalb die Religion auch Zoroastrismus genannt wird. Zarathustra soll 600 BCE im heutigen Afghanistan als Spross einer Adelsfamilie geboren und zum Priester ausgebildet worden sein. Er verkündete die Existenz eines einzigen, allmächtigen und guten Gottes, den er Ahura Mazda, den Gott des Lichtes, nannte. Ihm steht jedoch eine negative Kraft, der böse Geist Angra Manju, gegenüber, sodass ein dauernder Konflikt zwischen den beiden herrscht, den auch der Mensch in sich austragen muss: Es steht ihm frei, dem Guten zum Sieg zu verhelfen, indem er gut handelt, denkt und redet. Und zwar auf der Grundlage der heiligen Schrift Awesta, deren Texte – zumindest teilweise – auf Zarathustra zurückgehen sollen. Im Laufe der Zeit kam noch die Erwartung eines Erretters hinzu, der zum Jüngsten Gericht erscheinen soll. Die Parsen erwarten dieses Ereignis dreitausend Jahre nach Zarathustra.

Im Zentrum des Feuerkults der Parsen und ihrer Feuer-Heiligtümer stehen Feueropfer, wie der Religionswissenschaftler Markus Hattstein hervorhebt: »Der Sinn des Opfers ist die Wiederholung des urzeitlichen und die Antizipation des endzeitlichen Opfers, durch das die Welt allgemein erneuert wird. Nach den Pahlewi-Texten schuf Ohrmazd (Ahura Mazda) die Welt, den Urmenschen und Zarathustra durch eine Reihe von Feueropfern. Schon im alten indoiranischen Kult dienten Opferfeuer zur Abwehr der Dämonen, als Symbol der Reinigung und für die Ordalriten (Feuerprobe als ›Gottesgericht‹). Auch die höhere Geistseele des Menschen wurde als aus dem Feuer bzw. dem Licht stammend und dahin zurückkehrend gedacht. Das Feuer galt als Symbol nicht nur des höchsten Gottes, sondern auch des Aufstiegs der Seele zu Gott.« Die Parsen verehrten das Feuer auf dreifache Art und Weise: als Herd- beziehungsweise Hausfeuer, als Opferfeuer und als Ordalfeuer. Auch den drei Ständen, nämlich Priester, Krieger und Bauern, wiesen die Parsen verschiedene Feuer zu, wobei sie bis in unsere Zeit hinein unterschiedliche Reinheitsgrade des Feuers unterscheiden und es mit der Wahrheit und Ordnungsmacht in Verbindung bringen. Aus diesem Grund wird das Feuer in den Gathas auch als »wahrheitskräftiges Feuer« bezeichnet, das nicht verunreinigt werden darf. So sehen die Parsen im Rauch bereits ein Element des Bösen, sprich Ahrimans. Um es rein zu halten, ist es ihnen verboten, Abfälle zu verbrennen – lediglich sauberes, trockenes (Sandel-)Holz darf zum Einsatz kommen.

Für die Praxis des Feuerkults wurden seit frühester Zeit eigene Feuerheiligtümer geschaffen, die man als »Wohnung des Feuers«, als »Feuerhaus« oder als »Tempel der Feuer« bezeichnete. Die Parsen nennen sie in der Regel »Haus des Feuers«. Für Nicht-Parsen ist der Zugang zu den Tempeln meist strengstens untersagt. Ein besonderes Charakteristikum des parsischen Feuerkults besteht darin, dass es sich um einen individuellen Glaubensakt handelt, gemeinsame Feuergottesdienste sind den Parsen fremd.

Die meisten Feuerheiligtümer befinden sich auf dem Malabar Hill in Bombay, wo das Feuer seit 1742 ununterbrochen brennt. Die heutigen Feuertempel der Parsen wurden nach dem sogenannten Vier-Bogen-Bau der Sassaniden mit quadratischem Grundriss angelegt. Eine Quelle mit fließendem Wasser und ein Garten mit einer Dattelpalme und einem Granatapfelbaum gehören immer dazu. Im Tempelinnern trifft man auf einen schlichten, schmucklosen Gebetsraum, den keine künstliche Lichtquelle erleuchten darf. Wiederum innerhalb dieses Gebetsraumes befindet sich das Allerheiligste, ein quadratischer mit Wänden abgetrennter Raum, zu dem nur ein Priester Zutritt hat, und zwar durch eine Tür im Westen. In den anderen Seitenwänden sind Fenster eingelassen, die es den Laien erlauben, am heiligen Geschehen teilzunehmen. Im Feuergemach befindet sich ein bis zu zwei Meter hohes Metallgefäß auf einem quadratischen Stein, in dem das heilige Feuer brennt und über dem eine runde

Metallscheibe hängt. Zur spärlichen Ausstattung des Raumes gehören des weiteren Schwerter und zwei mit Stierköpfen verzierte Keulen sowie eine während der Zeremonie zum Einsatz kommende Glocke. Das Feuer wird fünfmal am Tag geschürt. Der Dienst am Feuer sieht vor, dass der Priester es im Rechtsgang umkreist, Hymnen singt und Teile des Awesta rezitiert. Feuerzange, Löffel und eine weiße Mundbinde sollen verhindern, dass der Priester mit seinen Händen beziehungsweise seinem Atem das Feuer verunreinigt. Auch der Gläubige ist auf Reinheit bedacht: Vor dem Betreten des Tempels muss er sich waschen, seine Schuhe ausziehen und eine Kopfbedeckung aufsetzen, und nach dem Gebet muss er zur Tür des Allerheiligsten gehen, mit der Stirn den Boden berühren, Holz als Opfer für das Feuer darbringen und aus einem vom Priester bereitgestellten Löffel Asche nehmen.

Literatur: Markus Hattstein, Der Parsismus in Geschichte und Gegenwart, in: Harenberg Lexikon der Religionen. Die Religionen und Glaubensgemeinschaften der Welt. Ihre Bedeutung in Alltag, Geschichte und Gesellschaft, Dortmund 2002, S. 870f.

Türme des Schweigens – Die Himmelsbestattung bei den Parsen

Die Himmels- oder Luftbestattung ist eine in verschiedenen Ländern Zentralasiens bis heute praktizierte Bestattungsart, die in der Regel auf den Mangel an Brennholz sowie den im Winter gefrorenen Boden zurückzuführen ist: So wird in Tibet der nackte Körper von den Leichenbestattern, den Ragyapas, an eigens dafür vorgesehenen Stätten zerstückelt und an die zuvor angelockten Geier verfüttert. Mancherorts muss ein Verwandter selbst diesen letzten Dienst der Barmherzigkeit am Verstorbenen übernehmen, beispielsweise der Sohn am Vater. Auch in der

Mongolei und bei den benachbarten Steppenvölkern war die Himmelsbestattung noch Anfang des 20. Jahrhunderts üblich – bis dieser Brauch in der Zeit des Sozialismus bekämpft und durch die Erdbestattung im europäischen Stil ersetzt wurde.

Dass die Himmelsbestattung aber nicht nur einen rein pragmatischen, nämlich klimabedingten Hintergrund haben kann, davon zeugen die Bestattungsriten der Parsen: Diese legen eine religiös motivierte Scheu vor der Berührung mit dem Tod und dem Leichnam an den Tag, denn in ihren Augen gilt der Tod als ein – vorläufiger – Triumph des Unreinen und der Dunkelheit (Ahriman) über das Leben und das Licht, wie der Religionswissenschaftler Markus Hattstein schreibt: »Da Leichenverbrennung oder Erdbestattung die Amesha Spenta (Heilige Unsterblichkeit) Feuer und Erde verunreinigen würde, schrieb Zarathustra die Leichenaussetzung vor. Der Tote soll Luft und Sonne unter freiem Himmel ausgesetzt sein und ›die Sonne anblicken‹ können. Es soll der lichtvollen Seele ermöglichen, sich mit ihrem Element, dem himmlischen Feuer, wieder zu vereinigen. Die Leichen wurden auf einen erhöhten Platz gebracht; die Vollzähligkeit der Knochen bzw. des Skeletts ist im Zusammenhang mit dem Glauben an die leibliche Auferstehung wichtig.« Im Laufe der Zeit kam es an den Verbrennungsplätzen, den Dakhma, zur Errichtung sogenannter Türme des Schweigens: zylinderförmige, bis zu vier Meter hohe Bauten, die keinen Einblick ins Innere gewähren und zu denen lediglich Priester Zugang haben. Im Innern des Turms befindet sich eine nach innen abgeschrägte Dachfläche, auf der die Toten ausgesetzt werden sowie drei konzentrische Ringe von flachen Gruben: Im äußersten Ring werden die Leichen der Männer, im mittleren die der Frauen und im innersten die der Kinder platziert, wo sie von den Geiern und Krähen – die Ahura Mazda eigens für diese Aufgabe geschaffen haben soll – gefressen werden. Nach ungefähr einer halben Stunde, während der die Angehörigen des Verstorbenen in einem nahe gelegenen Gebäude ihre Gebete verrichten, legt der Priester die Knochen in eine Höhlung unterhalb der Mitte der Plattform. Sobald Letztere keinen Platz mehr für weitere Gebeine bietet, reißt man den Turm ein und baut einen neuen.

Am bekanntesten sind die Türme des Schweigens in Bombay, wo die größte Parsengemeinde Indiens (rund achtzigtausend Mitglieder) lebt.

Literatur: Markus Hattstein, Der Parsismus in Geschichte und Gegenwart, in: Harenberg Lexikon der Religionen. Die Religionen und Glaubensgemeinschaften der Welt. Ihre Bedeutung in Alltag, Geschichte und Gesellschaft, Dortmund 2002, S. 871.

Dualistische Religionen

Warum nur Satan der Architekt der Welt sein kann –
Die ketzerische Lehre der Bogumilen

Am Anfang und vielleicht auch am Ende steht, nicht nur für Agnostiker und Atheisten, das schwer zu lösende theologische Theodizee-Problem: Wie ist die Existenz des Bösen und des Leidens in der Welt mit einem allmächtigen, gütigen Gott zu vereinbaren? Warum leiden Menschen an unheilbaren Krankheiten, und warum sterben selbst unschuldige kleine Kinder qualvoll? Weshalb erlaubt Gott, dass Menschen von anderen Menschen beraubt, versklavt, gefoltert und getötet werden? Und wieso ist die Kluft zwischen Reich und Arm so unüberbrückbar groß?

Die Antwort des bulgarischen Dorfpriesters Bogumil (Theophilus, Gottlieb), der im 10. Jahrhundert lebte und die nach ihm benannte ketzerische Lehre der Bogumilen begründete, ist eine gleichermaßen einfache wie originelle und elegante: Zwar sei Gott der Schöpfer dieser Welt, aber Satan, ein Bruder Christi und Sohn Gottes, der auch der böse Gott des Alten Testaments ist, sei ihr Ordner und Architekt. Insofern stellt der Bogumilismus die Alleinherrschaft eines höchsten Schöpfers nicht in Frage und ist einem gemäßigten religiösen Dualismus zuzuordnen, während der radikale religiöse Dualismus, etwa in Gestalt des persischen Manichäismus, von zwei gleichstarken Prinzipien ausgeht: die Welt des Lichts, vertreten durch Gott Ohrmazd, und die Welt der Finsternis, repräsentiert von Gott Ahriman, die sich bekämpfen, dazwischen der Mensch, der sich für eine Seite entscheiden muss …

Nach Bogumil ist diese von Satan regierte Welt durch und durch schlecht. Die Konsequenzen, die sich für ihn und seine

Anhänger ergaben, sind nach Mircea Eliade folgende: »Sakramente, Ikonen und Zeremonien der orthodoxen Kirche sind eitel, denn sie sind das Werk des Teufels. Das Kreuz sei zu verabscheuen, denn an einem Kreuz wurde Christus gefoltert und zu Tode gebracht. Das einzige Gebet ist das Vaterunser, das er je viermal des Tages und während der Nacht sprach. Die Bogumilen aßen kein Fleisch, tranken keinen Wein und hielten die Ehe für unerwünscht. Ihre Gemeinschaft kannte keine Hierarchie. Männer und Frauen beichteten und empfingen die Absolution untereinander. Sie kritisierten die Reichen, verdammten den Adel und ermutigten das Volk zum Ungehorsam und passiven Widerstand gegenüber seinen Herren.« Es sind vor allem zwei Zeitphänomene, die den Erfolg dieser Ketzerbewegung, wenn nicht begründet, so doch begünstigt haben dürften: zum einen das durch den Prunk und Luxus der Kirche und die Heuchelei der Priester enttäuschte Volk, zum anderen der Groll der armen, ausgebeuteten bulgarischen Bauern gegen die Reichen.

Die äußerst puritanischen, im Vergleich zur römischen Kirche aber weniger sexistischen Bogumilen, die Frauen gleichberechtigt zu kirchlichen Ämtern zuließen – Frauen durften die Beichte abnehmen und Sünden vergeben –, konnten sich fast ein halbes Jahrtausend auf dem Balkan halten und bildeten dort bis ins späte 14. Jahrhundert die mächtigste sektiererische Bewegung.

Literatur: Mircea Eliade, Geschichte der religiösen Ideen, III/1: Von Mohammed bis zum Beginn der Neuzeit, aus dem Französischen übersetzt von Günter Lanczkowski, Freiburg/Basel/Wien 1992, S. 175; Mircea Eliade/Ioan P. Culianu, Handbuch der Religionen, Unter Mitwirkung von H.S. Wieser, aus dem Französischen von Liselotte Ronte, Frankfurt a. M. 1990, S. 173f.; Karl-Wolfgang Tröger, Die Gnosis. Heilslehre und Ketzerglaube, Freiburg/Basel/Wien 2001, S. 192–196.

Neue Untertanen für den Satan – Warum die Katharer Sex als Teufelsgebot ansahen

An manche der weltverachtenden Glaubensvorstellungen der Bogumilen knüpften die Katharer (die »Reinen«) an, die zu den größten religiösen Bewegungen des Mittelalters gehörten und in Frankreich – nach der Stadt und Kathererhochburg Albi – auch Albigenser genannt wurden. Die Bewegung der Katharer bestand vom 12. bis zum 14. Jahrhundert, vornehmlich im Süden Frankreichs, aber auch in Italien, Spanien und Deutschland. Die Katharer wurden von der Inquisition der katholischen Kirche als Ketzer verfolgt und verbrannt. Während des in mehreren Phasen verlaufenden Albigenserkreuzzugs kam es zu regelrechten Massakern, wie etwa 1209 in Béziers oder 1210 in Minerve. Der letzte Katharerbischof wurde 1321 verhaftet, die letzte bekannte Verhaftung eines Katharers ist 1342 in Florenz dokumentiert.

Die manichäisch-dualistische Lehre der Katharer lehnt sich an die Lehre der Bogumilen an: Der Teufel, der böse Gott des Alten Testaments, liegt in ständigem Kampf mit dem guten Gott des Neuen Testaments und seinem reinen Engel Christus. Damit wurde der Gott der hebräischen Bibel deklassiert und einem guten, oberen Gott untergeordnet. Die Erlösung der Gläubigen erfolgt nach entsprechender Läuterung und Selbstreinigung in mehreren Leben, die die Seele durchwandert. Für diese sukzessive Reinigung ist ein entsprechendes Leben in totaler Abkehr von der Welt und Materie, in Askese und Entsagung, nötig.

Auch die streng asketische Vorstellung, dass der Geschlechtsverkehr – wohlgemerkt sogar der eheliche – ein Gebot des Teufels sei, haben die Katharer von den Bogumilen übernommen, die ihrerseits nur eine Sünde kannten, nämlich die Unterwerfung unter die Welt, das heißt unter das schwache Fleisch. Wenn aus dem Geschlechtsverkehr Kinder hervorgingen, so der Glaube der Katharer, wurden damit dem Satan neue Untertanen geboren.

Und nicht nur das: Der Leib einer schwangeren Frau wurde als Wohnsitz des Teufels selbst betrachtet.

Nicht mönchische, fromme Askese, sondern grundsätzliche Verachtung der Welt gebot das Zölibat, das vor allem die »Perfecti« einzuhalten hatten (für die sogenannten Credentes, die einfachen Gläubigen, waren weniger strenge Regeln vorgesehen). Aus diesem Grund widersagten die Katharer jeglichem Geschlechtsverkehr radikal, wie Arno Borst, einer der besten Katharer-Kenner, weiß: »Dabei machen sie keinen Unterschied, jede sexuelle Betätigung ist Sünde; jede Ehe ist Hurerei, jurata fornicatio, und noch schlimmer als diese, weil sie in der Öffentlichkeit geschieht. Damit werden Ehe, Blutschande und jegliche Art der Perversion auf dieselbe Stufe gestellt. Die Fortpflanzung ist kein geringeres Verbrechen als die Wollust; schwangere Frauen sind von den Katharern auch in Todesnot nicht in die Sekte zugelassen worden. Ja, das Weib an sich, das schon den Bogumilen als dem Manne unterlegen galt, wird als das schlechthin Böse ängstlich gemieden; jede Berührung, und sei es bei der feierlichen Handauflegung im katharischen Gottesdienst, ist sündhaft und muss schwer gesühnt werden.«

Während der Geschlechtsverkehr und Fleischgenuss die Ergebung in die Welt bedeuten, bilden Zölibat und Fasten die ersten Forderungen, die an die Katharer gestellt wurden. Zuweilen trieben die »wahren Christen«, wie sie sich selbst bezeichneten, die leiblichen Entsagungen bis zum qualvollen Hungertod in der sogenannten Endura, die manchmal bis zu zwölf Wochen dauerte.

Literatur: Arno Borst, Die Katharer, mit einem Nachwort von Alexander Patschovsky, Freiburg/Basel/Wien 1992, S. 136f.; Mircea Eliade/Ioan P. Culianu, Handbuch der Religionen, unter Mitwirkung von H. S. Wieser, aus dem Französischen von Liselotte Ronte, Frankfurt a. M. 1990, S. 174; Karl-Wolfgang Tröger, Die Gnosis. Heilslehre und Ketzerglaube, Freiburg/Basel/Wien 2001, S. 192–196; Malcolm Lambert, Ketzerei im Mittelalter. Eine Geschichte von Gewalt und Scheitern, Freiburg/Basel/Wien 1991; S. 167.

Der Schamanismus

Der ins Bettkissen gebannte Tote – Wie sibirische Schamanen Seelen in die Unterwelt führen

Das religiöse Phänomen des Schamanismus hat seine besonders deutliche Ausprägung bei den Völkern Zentralasiens gefunden, ist aber auch in Afrika und Australien, in Nord- und Südamerika sowie bei den Griechen und Germanen in Erscheinung getreten. Den Schamanismus kann man nach Mircea Eliade im weitesten Sinn als »Technik der Ekstase« definieren.

Das Wort »Schamane« leitet sich über das Russische vom tungusischen *shaman* ab. Der Schamane kann zugleich Seelenführer, Dichter und Mystiker sein. Er übt die Heilkunst aus, regelt die rituellen Opfer für die Götter und geleitet die Seelen der Verstorbenen ins Jenseits. Voraussetzung dafür ist seine mittels einer Initiation erworbene Ekstasetechnik, das heißt die Fähigkeit, den Körper willentlich zu verlassen und im Geiste weite Reisen (magische Flüge) zu unternehmen: zum Himmel, in die Meerestiefen oder in die Unterwelt. Dabei wird die vorgetäuschte beziehungsweise echte Trance als zeitweises Verlassen des Körpers durch die Seele angesehen. Mithilfe einer frühzeitlichen Technik kann der Schamane, so die Vorstellung, Zeit und Raum durchbrechen und zwischen sehr verschiedenen Seinsebenen kommunizieren. Als Anzeichen eines Auserwähltseins gilt in manchen Kulturen – etwa neben der »Krankheitsberufung«, gemeint ist das Überstehen schwerster Krankheiten und Gefahren – das Vom-Blitz-getroffen-Werden und Überleben des Schamanen.

Als Hauptthemen der schamanistischen Symbolik gelten Initiation, ritueller Tod (Zerstückelung), Wiedergeburt, Auffahrt in den Himmel und Abstieg in die Unterwelt. Die Weltachse, der Weltenbaum, aber auch der Regenbogen gehören zu jenen Mitteln, die es dem Schamanen erlauben, mit der anderen Welt in Verbindung zu treten: Es handelt sich um eine Achse, die drei kosmische Bereiche miteinander verbindet, nämlich Himmel, Erde und Unterwelt. Im rituellen Handeln demonstriert der Schamane, wie er in die andere Welt klettert, reitet oder fliegt, wobei – vor allem in Sibirien – die Trommel als Transportmittel dient. Der Flug des Schamanen beziehungsweise die Überquerung der Brücke zur anderen Welt symbolisiert die Rückkehr zum ursprünglichen Dasein, eine Rückkehr aus der historischen in die kosmologische Zeit.

Wie ein Schamane die Seele des Toten in die Unterwelt führt, verdeutlichen die Zeremonien, die das altaische Volk der Golden in Sibirien praktiziert. Die Golden kennen zwei Totenzeremonien: Einerseits das sieben und mehr Tage nach dem Tod abgehaltene *nimgan* sowie das *kazatauri*, ein Ritual, das einige Zeit später durchgeführt wird und die Seele in die Unterwelt geleiten soll. Die wichtigsten Stationen des *nimgan* sind folgende: Der Schamane tritt mit seiner Trommel in das Haus des Toten, sucht dessen Seele, fängt sie und bannt sie in ein Kissen *(fanya)*; Verwandte und Freunde des Verstorbenen nehmen danach an einem gemeinsamen Essen teil, einschließlich des im *fanya* anwesenden Toten, dem der Schamane Branntwein bringt.

Auch das *kazatauri* beginnt so, wie der finnische Schamanismusforscher Uno Harva 1938 herausgefunden hat: »Der Schamane legt seine Tracht an, nimmt seine Trommel und macht sich auf, die entwichene Seele in der Umgebung der Jurten zu suchen, die ganze Zeit über tanzt er und berichtet über die Schwierigkeiten des Weges in die Unterwelt. Schließlich fängt er die Seele ein und bringt sie wieder ins Haus, wo er sie erneut in das *fanya* bannt. Das gemeinsame Essen setzt sich bis spät in die Nacht hinein fort, und Lebensmittel, die übrig bleiben, werden vom Schamanen ins Feuer geworfen. Die Frauen bringen ein Bett in die Jurte, der Schamane legt das *fanya* hinein, bedeckt es mit einer Decke und sagt dem Toten, er solle schlafen.«

In den folgenden Tagen kommt es zu weiteren von Gesang, Tanz und Trommelgeräusch begleiteten Ritualen seitens des Schamanen. Dieser rät dem Toten, gut zu essen, aber nicht zu viel zu trinken, da für einen Betrunkenen die Reise in die Unterwelt äußerst gefährlich sei. Nach Anrufung seiner Hilfs- und Schutzgeister steigt der Schamane auf einen Baum, von dessen Gipfel er den Weg in die Unterwelt erkennt. Schließlich setzt er sich auf ein Brett, das einen sibirischen Schlitten symbolisieren soll, zusammen mit dem die Seele des Toten enthaltenden *fanya* und einem Korb voller Lebensmittel. Nachdem die Geister die Hunde vor den Schlitten gespannt haben, beginnt die Reise ins Totenreich, auf der es unter anderem einen großen Fluss zu überqueren gilt. Fußspuren von Menschen, Hundegebell und der Rauch aus den Jurten deuten darauf hin, dass das Dorf der Toten nicht mehr fern ist. In der Unterwelt angekommen, versammeln sich die Toten sogleich um den Schamanen und den Neuankömmling und fragen nach deren Namen. Doch der Schamane denkt gar nicht daran, seinen wahren Namen preiszugeben. Stattdessen hält er unter den anwesenden Geistern Ausschau nach Verwandten der Seele, um sie ihnen anvertrauen zu können. Ist dies erfolgt, kehrt der Schamane so schnell wie möglich auf die Erde zurück, wo er ausführlich über das Erlebte berichtet und den Lebenden Grüße und selbst kleine Geschenke von den Toten bringt. Das Ende der Zeremonie besteht darin, dass der Schamane das *fanya* dem Feuer übergibt.

Literatur: Mircea Eliade, Schamanismus und archaische Ekstasetechnik, übersetzt von I. Köck, Frankfurt a. M. 1994; Richard Reschika, Mircea Eliade zur Einführung, Hamburg 1997; Uno Harva, Erzählung der Golden, in: ders., Die religiösen Vorstellungen der altaischen Völker, Helsinki 1938; Dietrich Steinwede/Dietmar Först (Hg.), Die Jenseitsmythen der Menschheit, Düsseldorf 2005, S. 133ff.

Wenn sich das Haus in die Höhe erhebt – Die Erleuchtung des Schamanen bei den Iglulik-Inuit

Im religiösen und sozialen Leben der Inuit spielen die Schamanen dieselbe Hauptrolle wie bei ihren asiatischen Nachbarn. Die schamanische Initiation trägt hier wie dort dieselben Grundzüge. In seinem Standardwerk *Schamanismus und archaische Ekstasetechnik* nennt Mircea Eliade die folgenden: »Berufen werden, sich in die Einsamkeit zurückzuziehen, Lehrzeit bei einem Meister, Gewinnung eines oder mehrerer Hausgeister, symbolisches Ritual mit Tod und Auferstehung, Geheimsprache.« Zu den ekstatischen Erlebnissen der Inuit-Schamanen gehören der mystische Flug und die Reise in die Tiefe des Meeres. Als Hauptvorrechte des Eskimo-Schamanen führt Eliade Heilung, Unterseereise zur Mutter der Tiere zwecks Sicherung des Wildreichtums, Beeinflussung des Wetters und Abhilfe für die Unfruchtbarkeit der Frauen an.

Während der Initiation des Schamanen hilft der Meister dem Schüler, den Blitz oder die Erleuchtung zu erlangen, die *angákoq* oder auch *quamanek* genannt wird. Mircea Eliade beruft sich hier auf die Forschungsergebnisse des Inuit-Spezialisten Knud Rasmussen aus den 1930er-Jahren: »Der *angákoq* besteht in einem geheimnisvollen Licht, welches der Schamane plötzlich in seinem Körper, im Herzen seines Hirns verspürt, ein unerklärlicher Leuchtturm, ein leuchtendes Feuer, das ihn in den Stand setzt, im Dunkeln zu sehen, und zwar im wörtlichen und im übertragenen Sinn, denn fortan ist es ihm möglich, sogar mit geschlossenen Augen durch die Finsternisse zu gehen und künftige Dinge und Ereignisse wahrzunehmen, die den anderen Menschen verborgen sind; so kann er ebensowohl die Zukunft erkennen wie die Geheimnisse der Mitmenschen.« Dieses mystische Licht stellt sich jedoch erst nach langer Wartezeit und beständiger Anrufung der Geister beim Kandidaten ein. Beim ersten Mal hat dieser den Eindruck, dass das Haus, in dem er sich gerade befindet, emporgehoben würde, er sehr weit, sogar durch Berge hindurch blicken könnte und ihm nichts mehr verborgen wäre. Selbst die in fremden, fernen Gegenden entflogenen Seelen werden von ihm entdeckt.

Erlebnisse der Erhebung, der Auffahrt und Levitation, die als typisch für den Schamanismus der Inuit gelten können, sind aber auch andernorts anzutreffen und als »ein spezifischer Zug der schamanischen Praktiken« anzusehen. Das Gleiche trifft auf das Erlebnis des inneren Lichtes zu, das fast alle Mystiken der Welt kennen. So bezeichnen die *Upanischaden* das innere Licht sogar als das Wesen des Atman, das wirkliche, unsterbliche Selbst des Menschen, das der Westen als Seele ansieht. Auch im *Tibetischen Totenbuch* spielt das Licht, das die Seele des Sterbenden während des Todeskampfes und unmittelbar nach dem Tod wahrnimmt, eine herausragende Rolle. Doch selbst in der christlichen Mystik und Theologie begegnen wir dem inneren Licht, was darauf schließen lässt, dass die Menschen seit jeher mystische Erlebnisse hatten.

Literatur: Mircea Eliade, Schamanismus und archaische Ekstasetechnik, Zürich/Stuttgart 1957, S. 70f.; Knud Rasmussen, Intellectual Culture of the Iglulik Eskimos, Kopenhagen 1930, S. 112f., zitiert in: Mircea Eliade, Geschichte der religiösen Ideen. Quellentexte, übersetzt und herausgegeben von Günter Lanczkowski, Freiburg/Basel/Wien 1993, S. 328.